분노하는 사람들을
상대하는법

타인의 감정에 휩쓸리다 손해 보는 당신을 위하여

분노하는 사람들을 상대하는법

라이언 마틴 지음 | 신동숙 옮김

- 이 책은 분노를 주제로 다루지만, 모든 표현을 분노로 번역하지 않고 맥락에 따라 화로 옮겨 썼습니다.
- 책에 등장하는 이름은 가명입니다.

일러두기 : 안전이 최우선!

1. 이 책은 분노한 사람에게 대처하는 법을 다뤘다.

2. 신체적·정서적 학대를 감내하는 법을 배우는 책이 아니다.

3. 건강하지 못한 관계는 유지할 의무가 없으며 어떤 경우든
   신체적 위협을 느끼면 안전한 장소로 대피해야 한다.

차례

1부

그 사람이 매번 분노하는 이유

2부

분노한 사람에게 휘둘리지 않는 10가지 방법

분노한 사람들로부터
내 기분을 지킨다는 것

화내는 사람과의 관계에 갇힌 사람들

이 책을 쓰기로 마음먹은 건 틱톡에 올린 영상이 사람들에게 큰 호응을 얻으면서다. '분노한 사람들을 상대하는 법'이라는 제목으로 올린 영상에 많은 사람이 공감하는 걸 보면서, 이런 정보가 사람들에게 정말로 필요하다는 사실을 알게 됐다.

당시 영상에는 수천 개 댓글과 질문이 달렸으며, 유명 온라인 매체 버즈피드와 보어드판다에 이 영상에 관한 기사가 실리기도 했다. 시청자의 댓글과 질문을 읽어보니 다들 이 주제에 대해 준비되지 않았고 불확실한 기분을 느끼는 것이 분명했다. 영상을 시청한 사람들은 이런 질문을 던졌다.

화난 사람이 저를 그냥 내버려두지 않을 때 어떻게 벗어나나요?

화내는 사람이 저와 대화하려 하지 않을 땐 어떻게 하나요?

화는 다른 사람 때문에 났지만, 제가 그 화를 감당해야 할 땐 어떻게 하나요?

사람들이 제기한 질문은 아주 흥미롭고 진지하며 예리했다. 나는 그것들을 참고해 이 책의 내용을 구성했다. 시청자들의 질문 덕분에 화를 잘 내는 사람과 함께 일하거나 한집에서 사는 사람, 이들과 맞닥뜨리는 사람이 얼마나 흔한지 알게 됐고, 감정적으로 복잡하게 얽힌 관계의 역학을 잘 헤쳐 나가게 도울 방법을 고민하게 됐다.

영국 분노조절협회에 따르면, 가까운 친구나 가족 중에 분노 문제로 고생하는 사람이 있다고 답한 사람은 응답자의 3분의 1이었다. 이 설문은 같은 회사에서 일하는 동료, 가게 단골손님, 길거리에서 우연히 마주친 사람 등은 고려하지 않았으므로 아마도 결과에 포함되지 않은 부분이 상당할 것이다. 분노 문제는 갈수록 증가하는 추세라는 사실을 고려하면, 각자에게 분노 문제가 없더라도 그런 문제를 겪는 사람들과 빈번히 마주칠 가능성이 상당히 크다.

나는 20여 년간 분노를 비롯한 인간의 여러 감정을 연구해 온 심리학자로 그동안 분노를 건강하게 표현하는 법과 건강하지 못한 분노 표현을 주제로 연구를 수행해왔다. 분노와 여타 감정에 대한 수업을 진행했고, 초창기에는 분노한 사람들을 대상으로 임상 심리 상담도

했다. 그리고 쉽게 분노하는 사람들과 그들과 함께 생활하고 일해야 하는 사람들의 경험을 깊이 이해하기 위해 소셜미디어에서 일반인들과 소통하는 데에도 힘써왔다.

책을 쓰려고 조사하면서 자신이 화를 잘 내는 편이라고 설명하거나 주위에 화를 잘 내는 사람이 있다고 말하는 사람을 꽤 많이 인터뷰했다. 인터뷰 결과 알게 된 것은 그들의 삶이 화를 잘 내는 사람과 떼려야 뗄 수 없는 방식으로 얽혔다는 사실이다. 화를 잘 내는 사람은 그들의 상사, 부모, 배우자, 이혼 후 양육을 분담하는 전 남편 또는 전 부인, 자녀 등이었다. 대체로 상사나 부모처럼 당사자에 대한 영향력이 크거나 배우자나 형제처럼 개인적인 연결 관계였으며, 이를 벗어나는 건 쉬운 일이 아니었다. 그들은 화를 잘 내는 사람과의 관계에 갇혀버린 기분이며 어떻게 대처하면 좋을지를 몰랐다.

원인 모를 분노의 시대가 왔다

2021년 말, 뜻밖의 전화 한 통을 받았다. 분노한 사람이 세상에 얼마나 많은지 짐작하게 해준 전화였다. 전화를 걸어온 사람은 어느 도서관에 근무하는 사서였다. 그는 친구에게 내 연구 분야에 관한 이야기를 들었다면서 난폭하게 행동하는 도서관 이용자들에게 대처하는 방법을 가르쳐줄 수 있는지 문의했다.

무슨 일인지 좀 더 자세히 설명해 주겠냐고 내가 물었다. "도서관 이용자들을 상대하기가 너무 힘들어요." 그녀가 대답했다. "화내고 난폭하게 행동하는 사람들 때문에 직원들이 쩔쩔매요. 그런 상황에 대처하는 법 좀 배우려고요." 그녀는 도서관 이용자들이 어떤 식으로 적대감을 드러내는지 설명했다. 난폭한 이용자들과 상호작용할 때 한발 물러나 상황을 객관적으로 대처하는 법과 단계적으로 완화할 전략을 배우고 싶어 했다.

순간 우리가 곤경에 처했다는 사실을 직감했다. 이미 운전자 폭행, 항공기 탑승객 난동, 학교폭력 사건 등에 대한 의견을 말해달라는 언론 요청을 많이 받고 있었다. 당시는 아직 코로나19 유행이 끝나지 않은 때라 공공장소에서 마스크를 착용해야 했다. 불가피한 상황이 아니면 이 규정을 지켜야 했다. 이는 마스크 착용을 원치 않거나 코로나가 더는 심각한 문제가 아니라고 여기는 사람들에게 큰 분노를 일으켰다. 탑승객이 승무원에게 욕설을 퍼붓고 주먹을 휘두르는 일까지 벌어지면서 급기야 항공사들은 고객의 분노와 공격성이 표출되는 상황을 최소화하기 위해 새로운 정책을 시행했다.

하지만 전화로 들은 도서관의 상황은 뭔가 다른 느낌이었다. 지금껏 나는 도서관에서 일하는 사람들에게 화를 낸 적이 없다. 오히려 반대다. 도서관 직원들과의 경험은 항상 긍정적이었다. 현재 근무하는 대학에도 사서가 여럿인데 그중 몇몇은 내가 가장 좋아하는 동료다. 또 우리 아이들이 어릴 적 주말이면 도서관에 데려가 시간을 보냈는데 문제 생긴 경험은 없었다. 선입관이긴 하지만 솔직히 지금껏 만난 사서들은 친절하고 남을 선뜻 돕는 좋은 사람들이었다.

그래서 전화를 받고 '이런 세상에… 어쩌다 사람들이 사서에게까지 언성 높이는 지경에 이른 걸까?'라는 생각부터 들었다. 개인적 인식에만 의존해 상황을 파악하고 싶지는 않았다. 사서의 친절함에 대한 내 생각이 통념에서 벗어난 것인지 확인해봐야겠다고 생각했다. 내 생각은 보통 사람들과 다르지 않았다. 2013년에는 미국인 대다수가 도서관에 호감을 느꼈으며 설문조사에 응한 사람의 94퍼센트가 도서관을 따뜻하고 친근한 장소로 생각한다고 답했다. 또 응답자의 91퍼센트는 개인적으로 도서관을 이용하며 부정적 경험을 해본 적이 없다고 답했다. 이 모두를 고려할 때 다음 가정 중 한 가지가 현재 벌어지고 있다고 본다.

1 2013년 이후, 어찌 된 이유에서인지 도서관이 큰 불만을 불러일으키는 장소가 됐고 사서에 대한 적대감도 높아졌다.

2 도서관을 따뜻하고 친근한 장소로 느끼지 않는 미국 국민의 6퍼센트가 요즘 도서관에 나타나는 엄청난 분노와 공격성의 근원이다.

3 도서관을 따뜻하고 친근한 장소로 여기지만 상황이 뜻대로 흘러가지 않으면 쉽게 이성을 잃고 분노하는 사람이 많다.

그 후로도 분노한 사람에게 대응하는 방법을 묻는 언론 인터뷰와

강연 요청이 크게 늘었다. 서비스업 관계자들은 물론이고 사회 전반에 걸쳐 많은 이가 타인의 적대감에 어떻게 대처하면 좋을지 모르겠다고 이야기한다. 실제 내가 느끼기에도 지금이 특히 적대적인 시기인 것 같다.

분노 수준을 나타내는 국제지표 같은 건 없지만 적어도 미국의 경우는 현 사회의 분노 수준이 특히 높다는 사실을 뒷받침하는 자료가 존재한다. 운전 중 분노와 연관된 총격 사건을 포함해 운전자 간의 시비와 폭행이 크게 늘었고 미국 전역 교사들은 학교폭력이 증가했다고 보고했으며, 모든 서비스 업체가 고객의 분노가 과거보다 빈번해졌다고 말한다. 이런 상황으로 미루어 보면 사람들의 분노가 뜨겁게 달아올랐으며 금세 가라앉지는 않을 듯하다.

분노한 사람과 마주치는 2가지 방식

우리는 살아가면서 두 가지 방식으로 분노한 사람과 상호작용한다. 첫 번째는 일상에서 마주친 낯선 사람과의 상호작용이다. 그는 당신의 일 처리 방식이나 운전 방식이 마음에 안 들어서, 자신이 원하는 바를 달성하는 데 방해가 된다고 느껴서, 자신을 불공정하게 또는 함부로 대한다고 생각해서 화를 낸다. 이때 화내는 사람은 우리가 운영하는 상점 고객이거나 행사나 모임에서 만난 사람이거나 뒤차 운전자일지 모른다.

우리는 그에게 어떤 배경이 있는지 모른다. 그날 아침 무슨 일이 일어났는지 알 길이 없다. 그가 평소에 화를 잘 내는지, 적대적인지, 아니면 어쩌다 일이 잘 안 풀린 날에 우리와 마주친 것인지 알지 못한다. 그저 순간의 분노와 마주했다는 사실과 그 순간이 지나면 그를 다시 볼 일은 아마도 없을 거라는 사실만 알 뿐이다.

두 번째 유형은 첫 번째보다 훨씬 복잡할지도 모른다. 분노한 상대방을 살면서 딱 한 번 마주치는 것이 아니라 보통 날마다 본다. 그들은 화를 잘 내는 성격이며 우리와 일상적으로 부대낀다. 상사일 수도 있고, 배우자, 형제, 부모, 심지어 자녀일 수도 있다. 이들과의 상호작용은 일회성으로 끝나지 않고 꾸준하기 때문에, 이들과 큰 문제 없이 살아갈 수 있느냐는 우리 삶의 성공과 행복에 상당히 중요하게 작용한다.

이 책은 이 두 가지 범주 모두 도움되게 구성했다. 승무원, 식당 직원, 도서관 사서처럼 직업적으로 화난 사람들을 자주 상대해야 하는 사람들은 일회성 상호작용을 순조롭게 넘기는 법을 이 책에서 배울 수 있다. 화를 잘 내는 누군가와 인생이 얽힌 사람들은 그를 더 잘 이해하고, 그와 생산적인 방식으로 소통하며, 그들 때문에 고통받지 않도록 이 책이 도움을 줄 것이다.

단, 현재 누군가와 학대 관계를 맺고 있다면 당장 도움을 줄 단체나 전문가를 찾아가야 한다. 학대 관계란 친밀한 관계에서 한 사람이 다른 사람에 대한 힘과 통제력을 유지하기 위해 사용하는 행동 패턴 분노한 사람을 상대하느라 어려움을 겪는 모든 이들. 업무 특성상 분노한 사람과 자주 맞닥뜨리거나 분노조절 장애가 있는 사람과 일상적으로 상호 작용하는 이들이 이에 해당한다. 예를 들면 다음과 같다.

- 자주 이성을 잃고 당신과 주위 사람들에게 화를 내 곤란하게 만드는 연인
- 툭하면 성질내는 아동기 또는 청소년기 자녀를 둔 부모
- 일상적으로 화내거나 상처 주는 말을 하거나 눈치 주는 부모를 둔 어른
- 수시로 쏘아붙여 불안에 시달리게 만드는 상사나 동료를 둔 직장인
- 화를 잘 내는 친한 친구를 둔 사람

으로 정의된다. 이 책은 연인이나 가까운 누군가에게 학대당하는 사람을 위해서 쓴 것이 아니다. 신체적으로나 정신적으로 피해 보며 지내는 사람을 위한 것도 아니다.

이쯤에서 흔히 간과하는 부분 한 가지를 짚고 넘어가겠다. 분노$_{anger}$는 공격성$_{aggression}$과는 다르다. 분노는 부당한 대접을 받거나 원하는 목표 성취를 누군가가 방해한다고 믿을 때 생겨나는 감정이다. 분노는 흔하다. 대부분 일주일에 몇 번, 많게는 하루에도 몇 번씩 분노를 느낀다. 분노는 폭행과 결부될 때도 있지만 남을 해치는 행위와는 다르다. 남을 해치는 행위는 공격성의 발현이며 말이나 행동으로 타

인에게 상처를 주려는 의도에서 나온다.

분노와 공격성을 구분하는 것은 매우 중요하다. 이 책과 관련해서는 더더욱 그렇다. 세상에는 화를 잘 내지만 폭력적이지 않은 사람이 많다. 분노가 표현되는 방식은 무한에 가깝지만 분노의 결과로 육체적 폭력이 나타나는 경우는 비교적 드물다. 그보다는 다른 방식으로 나타날 가능성이 훨씬 크다. 이를테면 격렬한 분노 표출 후 두려움이나 슬픔에 사로잡히거나 언쟁을 벌이거나 기물을 파손하거나 차를 위험하게 몰거나 술이나 마약에 빠지기도 한다.

그런데 분노한 사람들 대다수가 폭력적이지 않다고 해서 그들을 상대하기가 쉬운 건 아니다. 폭력을 행사하지 않더라도 그들은 우리 삶에 해로운 영향을 미친다. 진 빠지게 하고, 어쩌면 좋을지 난감하고, 불안하고, 화나게 만들기도 한다. 그래서 이 책은 분노한 사람들에 대해서 자세히 다룬다.

1부에서는 분노한 사람들의 성격, 생물학적 요인, 정서발달, 감정 전염, 사고 유형을 자세히 살펴볼 것이다. 이는 분노한 사람들을 대할 때 꼭 필요한 연민과 이해를 키우는 데 중요하다. 주로 분노한 사람들의 경험을 폭넓게 살펴보겠지만, 각 장에서 실용적인 개념과 유용한 실천 방안도 함께 다룰 것이다.

2부에서는 분노한 사람에게 휘둘리지 않는 10가지 구체적 전략을 제시한다. 아울러 감정적으로 힘든 순간을 헤쳐나가는 데 도움이 될 실제 사례와 최신 연구 결과를 공유할 것이다.

분노한 사람에게 휘둘리지 않는 10가지 전략

전략 01 복수하고 싶은 충동을 내려놓는다

전략 02 냉정한 사람이 상황을 좌우한다

전략 03 분노의 다양한 얼굴을 기억하라

전략 04 상대의 관점에서 상황을 읽어라

전략 05 때로는 화낸 사람에게 잘못이 있다

전략 06 연락을 끊은 사람과의 효과적 대화법

전략 07 편향된 감정에 휩쓸리지 않는 법

전략 08 인신공격에는 행동을 근거로 반박한다

전략 09 해로운 관계는 싹둑 잘라낸다

전략 10 모든 것은 마음의 문제다

무엇보다 이 책은 분노한 사람들과 생산적인 방향으로 상호작용하는 전략에 집중했다. 타인의 분노와 적대감에 슬기롭게 대처하려면 단순 방편 이상의 지식과 지혜가 필요하다. 물론 임기응변식 대응도 필요하기 때문에 알아두고 활용해야 한다. 하지만 이런 차원을 넘어 건전한 목표를 염두에 두고 상황이 심각해질 때도 고수해야 한다. 이 책은 이런 목표를 명심하고 타인의 분노에 침착하고 자신 있게 대처하는 전략들을 제시할 것이다.

이 책을 잘 활용하기 위해
기억할 5가지

이 책을 읽으며 염두에 두었으면 하는 5가지가 있다. 이는 분노한 사람을 이해하려는 내 세계관의 일부이자 이 책을 최대한 활용하기 위해 꼭 필요하다.

1. 타인의 화가 정당할 때도 있다

이런 말을 듣고 좋아할 사람은 거의 없지만 우리를 향한 타인의 분노는 때로 정당하다. 우리는 인간이고 실수를 한다. 의도적이든 그렇지 않든 문제 일으킬 행동을 한다. 타인의 목표를 방해하거나 타인을 부당하게 대하거나 심지어 무례하게 행동할 때도 있다.

분노는 본질적으로 해로운 감정은 아니다. 사실 우리가 잘못된 대우를 받고 있음을 알게 해주고 부당함에 대처하는 데 필요한 에너지를 주는 건강하고 의미 있는 감정이다. 우리를 향한 상대방의 분노는 우리가 했던 말이나 행동에 대한 타당하고 건강한 반응일지 모른다.

그렇다고 분노한 사람의 처신이 무조건 정당화된다는 말은 아니다. 분노는 다양한 방식으로 표현될 수 있다. 그중에 잔혹하고 부당한 방식도 있다. 우리가 뭔가 잘못했을 때 상대방이 화내는 건 당연할 수 있지만 그렇다고 용납하기 힘든 말이나 행동을 해서는 안 된다.

이런 역학을 충실히 고려하겠다는 굳은 마음을 먹지 않으면 분노한 사람들과의 관계를 효과적으로 해결하지 못한다. 정직함과 통찰력이 필요하며 때로는 자신의 약한 부분도 드러내겠다는 의지가 있어야 한다. 우리가 실수했을지도 모르며 일부 과실이 있음을 인정하려면 감정적인 노력이 조금은 필요하다. 다만 화를 잘 내는 사람과의 관계가 건강하지 못하거나 위험한데도 유지할 의무는 결코 없다는 사실을 알아두자.

2. 분노는 성격 특성일 수 있다

1부에서 자세히 설명하겠지만, 분노는 감정 상태도 될 수 있고 성격 특성도 될 수 있다는 사실을 이해해야 한다. 누구든 특정한 순간에 화를 낼 수 있다는 측면에서 보면 분노는 감정 상태다. 분노는 슬픔,

두려움, 행복과 마찬가지로 정상적이고 건강한 감정이다.

그렇지만 유독 화를 잘 내는 사람들이 있다. 남들보다 훨씬 자주 화를 내거나 분노의 감정이 강렬한 사람들은 화를 잘 내는 성격이라고 생각하게 된다. 그런 사람들에게는 분노가 단순한 감정 상태라기보다는 성격 특성에 가깝다. 이때 분노는 그 사람 됨됨이의 일면이다. 이런 역학은 분노 외의 감정에서도 똑같이 나타난다.

지인 중에 비교적 불안해 보이는 사람이 있을지도 모른다. 그런 사람은 두려움과 초조함을 보통 사람들보다 많이 느낀다. 그렇다고 항상 불안해한다는 말은 아니다. 불안감을 별로 안 느끼는 사람이 절대 두려움이 없다는 말도 아니다. 그들도 불안해하고 초조해하고 겁을 낸다. 그런 일이 덜 생길 뿐이다. 슬픔, 행복, 자신감, 호기심 같은 감정 모두 감정 상태이자 성격 특성이다.

3. 분노는 상호작용의 결과다

타인의 분노는 감정적 진공 상태에서 존재하는 것이 아니다. 어떤 사람이 화를 내면 우리는 그에 대한 반응으로 무언가를 느낄 가능성이 크다. 이를테면 '감히 어떻게 나한테 이럴 수 있지?'라고 생각하며 분개할지 모른다. 두려운 결과가 초래될지 모른다는 생각에 겁이 날 수도 있다. 그의 분노에 어떻게 기여했는지를 떠올리며 당혹스럽거나 부끄럽거나 방어적으로 될 수도 있다.

분노는 다른 감정에 비해 사회적 속성이 있다. 주로 사회적 상황에서 발생하기 때문에 분노가 표출된 상황은 특성상 두 가지 이상의 감정이 복합적으로 작용한다. 그러면 역학 관계가 훨씬 복잡해진다. 다른 차원의 통찰과 이해가 있어야 적절히 다룰 수 있다. 이럴 땐 우리 자신의 감정을 이해하고 다스리는 동시에 상대방의 감정도 이해하고 다스릴 줄 알아야 한다.

4. 타인에 대한 이해가 지나쳐 분노하기도 한다

화내는 사람은 나쁜 사람으로 인식될 때가 많다. 분노는 슬픔이나 불안과 달리 충분히 통제할 수 있는 감정으로 인식돼 분노 관련 문제가 있는 사람은 우울이나 불안 문제가 있는 사람과는 달리 비난받아 마땅한 사람으로 여겨진다. 화난 사람의 말이나 행동은 주변 사람에게 상처를 줄 수 있다는 점까지 더해져 대단히 부정적으로 인식된다. 화를 잘 내는 사람은 사려 깊지 못하고 이기적이며, 무신경하고 무정한 사람으로 비칠 때가 많다.

나는 이런 관점에 반박하고 싶다. 분노는 다양한 원인에서 비롯될 수 있다. 모든 원인이 무정함이나 무례함에 뿌리를 둔 것은 아니다. 화를 잘 내는 사람 중 근본적으로 자기애가 크거나 반사회적인 사람도 있을까? 물론이다. 그럼 분노의 뿌리가 자신이 남들보다 우월하다는 믿음이라서 타인에 대한 양심의 가책이 없는 사람도 있을까? 물론이다. 실제로 그런 사람들도 있으며 그들의 분노는 아주 해롭고 잠재적으로 위험하다. 이런 사람과는 거리를 두어야 한다. 이것이 힘들 땐 심리 치료를 받는 것도 유용한 방법이 될 수 있다.

하지만 그 밖의 경우에는 분노의 근원이 다른 곳에 있다. 상처, 두려움, 때로는 주변 세상에 대한 걱정이 분노의 근원으로 작용하기도 한다. 가령 정의에 대한 신념이 강한 사람은 어떤 식으로든 부당함을 경험하면 특히 더 분노한다. 그들은 세상의 뿌리 깊은 불평등을 보고 분노하며 인생의 많은 시간을 보낸다. 아주 사소한 부당함이라도 이에 직면하면 분노의 소용돌이에 빠진다.

이때의 분노는 타인에 대한 이해나 배려가 부족해서가 아니라 오히려 반대다. 그들은 인류에 관심이 깊어서 목격한 상황을 참아 넘기기 힘들어하는 것이다. 나도 이 범주에 속한다고 말하면 놀라는 사람들이 가끔 있다.

독자들에게 다소 어렵게 느껴질 제안을 하려 한다. 이 책을 읽으면서 부디 분노한 사람들을 연민과 이해의 눈으로 바라보자는 것. 세상을 그들의 관점에서 바라보고 그들의 배경을 이해하려고 노력해보자는 것. 그렇다고 학대나 폭력을 용인하라는 요구는 결코 아니다. 오히려 반대에 가깝다. 나는 누구에게든 적대적이고 위험하고 학대받는 상황을 용인하라고 조언하지 않는다. 그저 그들의 관점에서 세상을 바라보고 그들이 겪었을지 모를 고통에 관심을 가져보자는 것이다.

5. 때로는 분노를 무기로 쓰는 사람도 있다

분노한 사람 일부는 우리에게 해가 될 수도 있다는 점을 알아둬야 한다. 그들이 꼭 나쁜 사람이어서가 아니라 그들이 우리 삶에 함께하는 것이 건강에 이롭지 못할 수도 있어서다. 사람들을 인터뷰하고 소셜미디어로 소통하면서 주변에 분노를 공격적으로 표출하는 사람이 있으면 삶이 고달프고 정신건강에 상당한 타격을 입을 수 있다는 사실을 여러 차례 확인했다.

인터뷰에 임한 사람들은 본인 감정을 다스리는 것뿐만 아니라 화내는 사람의 감정을 가라앉히는 데도 상당한 시간을 쏟는다고들 했다. 그들은 분노의 폭탄이 터지는 걸 막는 데 온 신경을 기울이느라 자기 본연의 모습 그대로 마음 편히 지내지 못했다. 적대적이고 공격적인 행동을 참아내야 한다는 생각은 내가 가장 원하지 않는 결과다. 우리가 이상적인 세상에서 산다면 화난 사람 스스로가 본인 감정을 다스려서 다른 사람들이 그의 감정을 처리하느라 고생할 일이 없을 것이다. 이상적인 세상에서는 분노한 사람들이 자신의 감정을 다스리고 남들을 정중히 대할 것이다.

내 전작 《분노의 이유》는 각자 분노를 적절히 다스리는 법을 알려주는 책이다. 그런데 안타깝게도 화를 자주 내고 공격적으로 분노를 표출하는 사람 모두가 화를 덜 내고 싶어 하는 건 아니다. 쉽게 분노하는 사람 일부는 분노가 자신을 더 강하게 만들어주기 때문에 그런 성격을 바꾸는 것이 자신에게 불리하다고까지 생각하기도 한다.

그런가 하면 화를 잘 내는 성격을 바꾸고 싶어 하면서도 실천하기가 두렵고 힘든 사람들도 있다. 《분노의 이유》를 읽은 몇몇 독자에게서 책을 읽으며 힘들었다는 이야기를 들었다. 그들은 화를 내면 자기 자신과 주변 사람들에게 피해가 미칠지 모른다는 사실을 인식했고, 그렇게 되니 자기 자신을 성찰하는 것이 아주 두려워졌다고 했다. 달라지려고 노력해봤지만 큰 성과를 얻지 못했다.

주변에 화를 잘 내는 사람이 있는데 그가 해롭지만 어떻게 해볼 방법이 없다면 그 관계에 어느 정도 선을 그어도 괜찮다. 이런 말이 불편하게 들릴 수도 있겠지만 그 관계를 반드시 유지해야 한다는 원칙은 없다. 어떤 사람과의 교류가 달갑지 않다면 접촉을 최소한으로 줄이거나 관계를 완전히 단절해도 괜찮다.

분노한 사람을 이해하는 5가지 관점

1 타인의 화가 정당할 때도 있다

2 분노는 성격 특성일 수 있다

3 분노는 상호작용의 결과다

4 타인에 대한 이해가 지나쳐 분노하기도 한다

5 때로는 분노를 무기로 쓰는 사람도 있다

1부

그 사람이
매번
분노하는 이유

01

그는 당신에게 화나지 않았다

작은 일에 크게 화내는 사람의 특징

분노는 모든 사람이 경험하는 감정 상태다. 부당한 대우나 형편없는 대접을 받거나 누군가 자신의 목표를 방해할 때 생기는 심리적 반응으로 설명할 수 있다. 우리에게 잘못을 저지른 사람이나 우리를 방해하는 요인을 비난하려는 감정적 욕구가 바로 분노다. 다른 모든 감정과 마찬가지로 분노도 비교적 구체적인 생각, 생리적 경험, 행동과 관련 있다.

동시에 분노는 성격 특성의 일부로 받아들일 수도 있다. 이때 분노는 화나는 기분과 생각, 행동이 비교적 일관되게 나타나는 상태를 뜻한다. 화를 잘 내는 성격인 사람은 보통 사람들보다 훨씬 자주 화내는 경향이 있다. 남들보다 자극에 더 많이 노출돼서라기보다는 사람들 대부분 아무렇지도 않게 넘길 일에 격분하기 때문이다. 물론 다른 모든 성격 특성과 마찬가지로 이런 성향이 한결같이 나타나는 건 아니다. 불안에 떨며 사는 사람도 두려움이나 긴장 없이 지나는 순간이 있듯이 화를 잘 내는 사람도 격분하지 않고 지나가는 순간이 있다.

화낼 때와 평상시가 전혀 다른 아버지

소셜미디어에서 알게 된 이지라는 여성의 사례를 소개하려고 한다. 내 소셜미디어에 본인이 화를 많이 내는 편이라고 생각하거나 화를 잘 내는 사람과 특별한 경험이 있는 사람을 찾는다는 게시물을 올렸는데, 그 글을 읽고 그녀가 연락해왔다.

만나서 간단히 대화를 나눠보니 그녀는 자신과 주변 사람들의 심리를 자극하는 요인에 대한 이해가 깊어 보였다. 심리학을 공부했다고 했는데 그런 배경도 물론 영향이 있겠지만, 내가 보기에 그와 별개로 자신을 포함한 모든 사람이 왜 특정한 감정을 느끼고 특정한 행동을 하는지 깊이 숙고할 줄 아는 지혜롭고 세심한 사람인 듯했다.

그녀는 화를 잘 내는 아버지 밑에서 자랐다. 자기 아버지가 아마도 평생 분노와 씨름했을 것이라고 했다. 이 이야기를 나누기 전에 우선 그녀의 아버지가 화를 안 낼 때 어떤 사람인지를 언급하고 넘어가려한다. 평상시와 화가 났을 때의 성품이 완전히 달라지는 사람의 전형적인 특성이 엿보였기 때문이다. 화낼 때만 빼면 아버지는 아주 편하고 좋은 분이라고 이지가 말했다. 평소 그는 카리스마 있고 대화 나누는 걸 정말 좋아하며 성격도 아주 다정했다.

반면 화가 나면 자제력을 잃고 사람들에게 무지막지한 말을 퍼붓는다고 했다. 그럴 땐 화를 안 낼 때의 성품과는 전혀 안 어울리는 말을 쏟아냈다. 그녀의 아버지는 말로 사람들 마음을 아프게 만들곤했다. 그녀에 따르면 그는 어떤 표현이 상대방에게 상처 주는지 잘 알고 있으며 그런 표현을 실제로 쓴다. 한번은 그녀가 아버지 의견에 동조하지 않자 버럭 화내면서 이렇게 말했다고 한다. "넌 어쩜 이렇게 까다롭니. 누가 너랑 결혼하게 될지 진짜 불쌍하다. 불쌍해."

어릴 때 그녀는 아버지가 화내는 것이 자기 탓이라고 생각했다. 그녀가 조금이라도 성에 안 차는 행동을 하면 아버지가 불같이 화를 냈기 때문이다. 하지만 이제는 아버지의 분노는 자신의 감정을 관리하지 못한 데서 비롯됐다는 것을 잘 안다.

이지는 아버지가 쉽게 실망하고 불안해하고 스트레스 받으며 그런 상황에서 감정 조절에 어려움을 겪는다고 생각한다. 그녀는 아버지가 감정을 절제할 수 없을 것 같은 기분을 느낄 때, 바로 그런 상황이 화를 불러일으키는 것 같다고 말했다.

그녀의 아버지는 주로 가족처럼 잘 아는 사람들에게 분노를 표출했다. 동료나 낯선 사람에게는 화내는 법이 거의 없었다. 비록 운전 중에 벌컥 화내는 경향이 있기는 했지만 말이다. 가족들 앞에서보다 낯선 사람 앞에서 분노를 표출하기까지가 시간이 훨씬 더 걸린다고 말했다. 그녀는 아버지가 가족을 더 편하고 화난 감정을 표현하기에 안전하다고 느껴서 그런 것으로 여겼다.

그가 예외적으로 운전 중에 화를 낸다는 사실은 안전이 중요한 역할을 한다는 좋은 증거다. 차 안에서만 화내고 다른 운전자들에게 표출하지 않는 한 부딪힐 일이 없으므로 운전 중인 차 안은 화를 내기에 비교적 안전한 장소이기 때문이다.

근본적으로 그의 분노는 불안에서 시작된 듯했다. 이는 어떤 한 가지 입장에서 잘 벗어나지 않는 그의 성향에서도 나타난다. 이지의 말에 따르면 그가 일단 화를 내면 어떤 수를 써도 결심을 되돌릴 수 없었다. 분노를 일으킨 상황을 돌아보며 이야기 나누는 경우도 없었다. 이지는 이렇게 덧붙였다. "그런 점에 대해 얘기하자고 하면 아버지가 기분 나빠졌을 거예요. 본인에게 잘못이 있다는 걸 깨닫지 못하거나 본인이 얼마나 과하게 반응했는지를 아마 인식하지 못할 거예요."

이지의 아버지는 미안하다는 말을 하지 않았다. 이지는 아버지에게서 미안하다는 말을 평생 한두 번밖에 못 들었다고 했다. 대신에 아버지는 아무 일 없었다는 듯 행동하거나 사과 표시로 그녀를 데리고 나가 갖고 싶어 했던 물건이나 사탕을 사주곤 했다. 이지는 이런 아버지의 행동이 갈등을 피하려는 전략이었다고 생각한다.

이지가 했던 말 중에 흥미로운 대목은 부녀 사이에 갈등이 생겼을 때 그가 딸이 어떻게 생각하는지를 추측하려 많이 애썼다는 사실이었다. 이지의 아버지는 "넌 내가 정말 지독하다고 생각하지?"라거나 "내가 멍청해 보이지?"라고 묻곤 했다. 이지는 그런 생각을 아예 해본 적이 없지만 아버지는 그런 느닷없는 결론을 내리면서 불안감과 방어적인 태도를 격화시켰다.

이지는 이 모든 상황이 자신에게 미친 영향에 대해서 자세히 이야기했다. 특히 아버지와의 사이에서 반복됐던 경험이 이후 관계에 미친 영향을 이렇게 설명했다. 아버지가 불같이 화낼 땐 마음을 돌려놓을 방법이 없었고, 아버지와 의견이 다르거나 뭔가 마음에 안 들거나 아버지가 마음을 아프게 했다는 걸 설명하려 해도 이해시킬 방법이 없었다. 애를 써도 소용없었기 때문에 그녀도 더는 애쓰지 않았다.

그런데 그녀가 어른이 되고 나서 누군가 맘에 안 드는 행동을 했을 때 할 수 있는 일이 아무것도 없다는 생각이 들면 불쑥 화가 치밀어 올랐다. 근본적으로 아버지의 분노는 인간관계에서 무력감을 느끼게 하는 원인이 됐다. 다른 장기적인 영향도 있었다. 관계의 역학과 관련된 문제였다. 그녀는 연약한 감정을 다루기가 아주 힘들었다. 감정을 조작할 수 있다는 사실을 아버지에게서 배웠기 때문이다.

아버지는 그녀가 자신을 나쁜 사람으로 만들려고 감정을 교묘히 조종했다며 비난했다. 그녀는 당시 아버지가 느낀 수치심을 딸을 비난함으로써 떨쳐보려 했던 것으로 생각한다. 그러면서도 남 앞에서 눈물을 보이면 거짓말을 하거나 사람을 조종하려 드는 거라고 볼까 봐 마음이 불안하다. 분노는 아버지가 주변 사람들을 통제하는 데 사용했던 수단이기에 아버지처럼 사람들 앞에서 화내는 사람이 되는 걸 원하지 않는다.

그녀는 종종 다른 사람의 감정을 자신에게 조금이라도 보탬이 되는 방향으로 받아들이는 경향이 있다고 느낀다. 이런 경향을 격렬한 분노를 두려워하는 마음에서 비롯된 것이라고 본다. 이지는 자신은 아직도 분노에 건강한 방식으로 대처하지 못한다고 내게 말했다.

그녀는 아버지가 나이 들면서 조금은 부드러워졌다고 느낀다. 이런 변화가 전형적인 발달 패턴에 따른 것인지, 아니면 두 사람 관계에서만 나타나는 특수 상황인지 알기 힘들다. 나이 들면 대체로 긍정적 감정 경험을 더 중시해 마음을 편히 갖는 경향은 있다.

이지가 부모를 떠나 독립한 뒤 부녀 관계에 상당한 변화가 있었다. 두 사람이 얼굴을 마주할 기회가 줄어들었고 그런 변화는 관계에도 영향을 주었다. 이지는 아버지가 나이 들면서 감정을 과장되게 표출하는 성격이 바뀌어 분노에 대해 조금은 성찰하는 태도를 보이게 됐다고도 생각한다. 이지 아버지의 사례는 분노가 화를 잘 내는 성격 탓일 수도 있고, 상황 탓일 수도 있음을 아주 잘 보여준다.

분노라는 감정에 대하여

이지는 아버지가 대체로 다정하고 따뜻한 편이지만 화나면 자제력을 잃었다고 설명했다. 화가 날 때 많은 이들이 그렇듯 이지 아버지도 불끈하며 폭언을 퍼붓곤 했다. 앞서 설명한 것처럼 분노의 경험은 특정 부류의 생각과 생리적 경험, 행동과 연관된다. 예를 들어 분노에 휩싸이면 머릿속이 대개 비난, 비판, 대갚음하고 싶은 생각으로 가득해진다. 이럴 땐 '감히 어떻게 그럴 수 있어. 나한테 그런 몹쓸 짓을 벌이다니' '두고 봐. 복수해주겠어' 같은 생각을 하게 된다.

화가 나면 흔히 말이나 행동으로 상대방을 공격한다. 복수에 대한 생각이 분노에 가득찬 행동을 불러일으킬 수도 있다. 이럴 땐 이지 아버지처럼 고함을 지르거나 상처 주는 말을 한다. 밀치거나 때리거나 그 밖의 온갖 방식으로 잘못이 있다고 생각한 사람에게 폭력을 행사하기도 한다.

공격성을 실제 행동으로 표출하지 않더라도 속으로 그런 마음을 품을지도 모른다. 심리학자들은 이를 행동 경향이라고 부른다. 행동 경향은 감정적 반응의 일부로 특정 행동을 하고 싶어 하는 것을 뜻한다. 그런데 인간에게는 충동을 조절하는 능력이 있기 때문에 감정을 자제하고 분노를 다른 쪽으로 돌릴 수 있다.

마지막으로 분노는 특정한 생리적 반응을 일으킨다. 화가 나면 투쟁-도피 반응이 촉발돼서 부당함에 대응하거나 방해받은 목표를 향해 돌파할 준비를 한다. 이때 심박 수가 증가하고 호흡이 가빠진다. 근육이 긴장되며 소화계 활동은 둔화한다. 이런 놀랍고 복잡한 일련의 반응은 인간 진화의 역사에 깊이 뿌리내려 있다. 반사적으로 나타나는 이 반응은 인간과 동물 모두에게 생존 가능성을 높여 주는 이점이 있다. 선조들은 분노 덕분에 상황에 대처할 더 강력한 에너지를 얻었고 치열한 싸움에서 살아남았다.

최근 화가 치밀었던 때가 언제인지 생각해보자. 대체로 쉽게 떠올릴 수 있을 것이다. 슈퍼마켓에 갔다가 사소한 불편을 겪고 시간 낭비를 했던 때일 수도 있다. 아니면 훨씬 심각한 부당함을 경험하고 참기 힘들 정도로 속상했던 일이 있었을지도 모르겠다. 어떤 상황이든 그런 분노는 정상적인 감정이다. 더 나아가 건전한 감정일 가능성이 크다. 부당한 대우를 받거나 계획이 지체됐을 때 느끼는 분노는 우리가 부당한 대접을 받고 있음을 알아차리고 대처하게 해준다.

그러나 분노는 유익할 때도 있지만 문제를 일으키는 요인도 될 수 있음을 잊지 말아야 한다. 화를 적절히 조절하지 못하거나 너무 자주 낼 때, 부적절한 일이나 엉뚱한 시기에 화를 낼 때 삶에 심각한 문제가 초래될 수 있다. 분노한 감정을 적절히 처리하는 법을 배우는 건 정서적으로 건강한 사람이 되는 데 꼭 필요한 부분이다. 분노의 건전성을 판단하는 한 가지 방법이 있다. 분노가 어떤 결과를 낳는지 살피는 것이다. 분노가 관계를 망치는가? 말다툼이나 싸움을 유발하는가? 다른 부정적 결과를 초래하는가? 이를 질문해본다.

어떤 사람은 다른 사람들보다 화를 더 자주 내고 공격적이고 적대적인 방식으로 분노를 표현하며, 분노로 인한 부정적 결과를 더 자주 경험한다는 사실에도 주목할 필요가 있다. 이런 사람들은 화를 잘 내는 성격을 띤 사람으로 설명할 수 있다.

어떤 분노는 성격이다

심리학자들은 감정이 느낌인 동시에 성격 특성도 되는 이런 역학을 상태-특성이라는 용어로 설명한다. 감정으로써의 분노는 일종의 상태다. 성격 특성으로써의 분노는 특성이다. 성격 특성은 비교적 일관되게 나타나는 행동, 사고, 감정 방식으로 정의된다.

어떤 사람이 친절하다고 묘사된다면 그가 대체로 사람들에게 친절히 대하며 함께하기 편하고 즐거운 사람이라는 뜻일 것이다. 누군가 거만하다고 묘사될 땐 본인이 중요한 존재라는 느낌을 자주 과장되게 드러낸다는 뜻일 가능성이 크다.

그런데 예로 든 두 사람이 묘사된 성격과 다른 행동을 할 수도 있다. 평소 친절했던 사람이 가끔 무자비한 행동을 할 때도 있고 오만한 사람이 때로는 취약한 면모를 드러내기도 한다. 특정한 성격 특성을 띤다고 해서 그런 성격이 항상 나타나는 것은 아니다. 대체로 그런 성향을 보인다는 의미일 뿐이다.

특성 이론은 성격을 최초로 연구하고 이론화한 심리학자 중 한 사람인 고든 올포트Dr. Gordon Allport의 연구에서 시작됐다. 연구 활동 초창기 저술이자 자신의 형과 공동 집필한 어느 논문에서 그는 지능, 기질(정서성이 포함됨), 자기표현, 사교성 등 성격을 형성하는 핵심적인 특성 몇 가지를 설명했다.

그로부터 몇 년 뒤인 1936년, 고든 올포트와 헨리 오드버트Henry Odbert는 더 구체적인 설명을 제시하면서 성격을 일반화되고 개인화된 결정 경향으로 규정하고 공격적인 성격, 내성적인 성격, 사교적인 성격과 같은 예를 들었다. 특성과 상태가 어떻게 다른지를 설명하기 위해서 이렇게 말했다. 모든 사람은 때에 따라 불안을 느끼는데 그중 몇몇 사람은 불안 신경증을 앓고 있다. 이들은 반복적으로 그리고 기질적으로 불안해한다.

이들의 설명에서 '불안'이라는 단어를 '분노'로 바꿔 생각하면 내가 말하려는 본질을 이해할 수 있을 것이다. 모든 사람은 때때로 화를 낸다. 하지만 어떤 사람은 더 빈번하고 강렬하고 조절이 안 되는 분노를 경험한다. 그런 사람은 반복적으로 그리고 기질적으로 화를 낸다.

그런데 올포트가 성격 특성 분야의 중요한 연구로 일컬어지는 책 《성격에서의 패턴과 성장》을 집필한 것은 1961년에 이르러서였다. 엄밀히 말하면 이 책은 1937년에 출간됐던 동명 저서의 개정판이지만 개정된 부분이 상당했다. 올포트는 이 책에 3가지 성격 특성 유형을 설명하면서 모든 성격에는 중요한 의미가 있는 개인적 성향과 덜 중요한 의미가 있는 개인적 성향이 있다고 말했다. 그는 이런 성향들을 주 특질, 중심 특질, 이차적 특질이라 칭했다.

주 특질cardinal trait 은 몇몇 사람의 성격에서 핵심적으로 작용하는 특성으로 본질적으로 그 사람의 됨됨이와 그가 날마다 하는 행동을 좌우한다. 올포트는 거의 모든 행동에서 이런 특질의 영향을 찾을 수 있는 것 같다고 설명한다.

예를 들어 주 특질이 탐욕인 사람이 있다면 그의 행동, 생각, 감정은 돈을 벌거나 재산을 늘리려는 목표에 주도되거나 전적으로 좌우될 수 있다. 그런가 하면 주 특질이 정직인 사람들도 있다. 이들은 주변 사람을 진실하고 정직하게 대하려는 욕구에서 주로 동기를 얻는다. 그래서 만일 이 두 사람이 큰돈을 벌 기회가 생겼는데 기회를 잡으려면 거짓말을 해야 하는 상황에 처한다면, 주 특질을 바탕으로 각자 어떤 선택을 내릴지 쉽게 예측할 수 있다.

그렇지만 모든 사람에게 주 특질이 있는 건 아니다. 올포트는 실제로 주 특질이 흔하지는 않다고 설명했다. 하지만 중심 특질central trait 은 모든 사람에게 있다. 올포트는 중심 특질을 정성 들여 써야 하는 추천서를 작성할 때 언급하는 특질로 묘사했다. 중심 특질은 주요 성격 특성이다. 지능, 친절함, 성실성, 내향성처럼 우리 행동과 생각에 한결같은 영향을 준다.

소개팅을 주선할 때 "네 마음에 들 거야. 그 사람은 정말…"이라는 식으로 당사자에게 설명하게 될 것이다. 이때 '재밌어' '다정해' '똑똑해' '매력적이야' 같은 단어로 문장을 끝낼 텐데, 끝에 들어갈 단어가 바로 중심 특질이다. 그래서 이지가 자기 아버지를 화를 잘 내는 사람으로 묘사했을 때, 그녀는 아버지의 중심 특질 중 하나를 화내는 기질이라고 말한 것이다. 아버지가 항상 그렇다는 뜻으로 한 말은 아니다. 대체로 그렇다는 의미에서 한 말이다.

마지막으로 이차적 특질은 특정 상황에만 주로 나타나는 특질이다. 올포트는 이차적 특질이 "눈에 덜 띄고 덜 일반화되고 덜 일관적이고 덜 자주 나타난다"라고 설명했다. 내 경우를 예로 들면 나는 차를 몰 때 화를 별로 안 내고 느긋하게 운전하는 편이다. 그런데 차에 연료가 얼마 안 남은 상황만 닥치면 유독 짜증이 많이 나고 조바심이 생긴다.

그럴 때 내게 어떤 일이 벌어질는지 정확히 이야기할 수 있다. 연료가 곧 바닥날 거란 생각에 조금이라도 지체된다 싶을 때마다 최악의 상황을 상상한다. 신호등에 걸리거나 앞차가 빨리 안 가고 꾸물거리거나 길이 막히는 등 모든 상황은 연료가 떨어져 도로 한복판에 갇힌 채 그날 하루를 망쳐버릴 이유가 된다. 이것이 바로 이차적 특질이다. 이차적 특질은 매우 특정한 상황에만 나타난다. 혹시 자신이나 타인의 분노가 특정 상황에만 나타난다는 사실을 알아차렸다면 그런 상황을 잘 관리해보자. 상황에 대비하거나 피하도록 한다.

그런데 올포트가 제시한 이차적 특질은 성격에 관한 근본적인 의문을 제기하기 때문에 다루기가 조금 까다로운 개념이다. 어떻게 아무런 징후 없이 특정 상황에만 처하면 그런 특질이 발현될 수 있는 걸까? 이건 우리 행동에 영향을 미치는 요인이 사실 특질이 아니라 우리가 처한 상황이라는 증거가 아닐까? 누군가 특정 상황에만 화를 낸다면 성격 탓에 분노가 유발됐다고 주장하기는 힘들다. 분노를 초래한 요인은 틀림없이 그런 특정한 상황이 된다.

문제는 사람일까 상황일까

1960년대 후반과 1970년대에 한 무리의 심리학자가 성격의 구성요소를 설명하려고 애쓰는 동안 월터 미셸Dr. Walter Mischel이 이끈 다른 무리의 심리학자들은 성격이 존재하지 않는다고 주장했다. 얼핏 보기에 이런 주장은 약간 터무니없이 느껴질지 모른다.

어떻게 성격이 존재하지 않을 수 있는가? 우리는 사람들과의 상호작용에서 성격이 있다는 증거를 늘 확인하고 있지 않은가?

그런데 미셸의 주장은 아주 단순하고 명확하며 반박하기가 힘들다. 그는 1968년 저서 《성격과 평가》에서 성격 특성과 행동의 상관관계가 아주 낮다는 사실이 많은 연구에서 밝혀졌다고 주장했다. 더 구체적으로 사람들이 여러 상황에서 일관성 있는 행동 양상을 나타내지는 않는다고 지적했다. 누군가 파티에서 하는 행동은 회사에서나 영화를 보러 갔을 때의 행동과는 다르다. 어떤 사람의 행동이 상황에 따라 극적으로 달라진다면 행동에 영향을 미친 요인은 성격이 아닐 것이다.

만일 내가 성격이라는 것이 존재하지 않는다고 믿는다면 지금 이 책은 아주 짧고 단순한 책으로 끝나버리고 말 것이다. 그러니 성격심리학자들이 성격보다 환경이 더 중요하다는 의견에 어떻게 대응했는지를 자세히 살펴보기로 하자.

1987년에 데이비드 버스Dr. David Buss는 〈선택, 유발, 조종〉이라는 제목의 논문에서 성격이 행동에 어떤 영향을 미치는지, 환경의 영향이 어떻게 성격의 영향과 공존할 수 있는지를 개괄적으로 설명했다.

특히 그는 성격과 사회 과정(한 사회 내에서의 변화와 발전의 패턴)이 본질적으로 연결되는 핵심 메커니즘 3가지를 제시했다. 아마도 논문 제목을 단서로 3가지 작용 원리가 무엇인지 알아차렸을 것이다. 바로 선택, 조종, 유발이다. 이 3가지가 어떻게 작용하는지 지금부터 하나씩 살펴보자.

⚔ 선택

우리는 많은 상황을 선택하며 선택은 부분적으로 성격에 기초한다. 토요일에 있을 파티에 가는 게 좋을지 오늘 저녁에 뉴스를 볼지 말지 같은 사소한 상황 선택도 있고, 일자리를 수락해야 할지 다른 도시로 이사하는 게 좋을지 같은 더 중요한 사안에 대한 결정도 있다. 성격이 내성적인 사람은 파티에 참석하거나 행사기획 관련 일자리를 수락할 가능성이 적으며 이런 상황을 선택에서 배제한다. 성실한 사람은 모임에 나가는 대신 공과금을 챙기면서 토요일 오후를 보내기로 선택하거나 한층 섬세한 작업이 필요한 직업을 선택할지 모른다.

상황 선택은 분노와 관련해 어떤 식으로 작용할까? 화를 잘 내는 사람은 의도적이든 아니든 분노를 유발하는 상황을 선택하는 것일지 모른다. 예컨대 정치뉴스쇼를 시청하거나 소셜미디어에서 벌어진 논쟁에 끼어들거나 분노를 유발하기 쉬운 스포츠 경기를 시청하는 식으로 말이다. 그가 분노를 느끼고 싶어서 이런 활동을 선택하는 건 아닐 것이다. 그보다는 이런 활동을 즐기거나 중요하다고 생각해 선택했을 가능성이 크다. 그런데 의도가 어떻든 분노를 유발하는 활동을 꾸준히 선택하는 것은 화를 잘 내는 성격의 징후다.

⟡ 조종

우리는 상황을 그저 선택하기만 하는 게 아니라 조종한다. 상황을 어떤 식으로 맞이할지 관련자들과 어떤 식으로 상호작용할지를 의도적으로 결정한다. 예를 들어 어떤 학생이 대학의 특정 강의를 수강하는 것은 상황 선택이다. 그는 그 선택으로 특정 상황을 경험하기로 결정한다. 그런데 아마도 그 상황에 어떤 식으로 참여할지도 결정하게 될 것이다.

가령 강의실 어느 자리에 앉을지, 필기는 어떤 식으로 할지 등을 결정한다. 자신에 대한 교수의 인식을 좋은 쪽으로 조종할 의도로 강의 첫날 자신을 소개할 수도 있다. 친구에게 그 강의를 함께 듣자고 권함으로써 상황에 대한 경험을 바꿀 수도 있다. 친구와 함께 강의를 듣는 것은 수정된 조건이므로 경험에도 변화가 생긴다.

조종이라는 단어에는 부정적 의미가 내포됐다. 우리는 누군가 부정적 방식으로 타인을 조종하려고 한다는 식으로 종종 묘사한다. 그런데 주변 환경을 바꾸려는 노력에는 본질적으로 잘못이 없다. 사실 나는 모든 행동에는 조종하려는 의도가 담겼다고 주장하고 싶다. 우리의 모든 행동은 우리를 둘러싼 세상에 영향을 미치도록 계획됐다. 따라서 더 중요한 질문은 '해롭거나 안 좋은 방식으로 사람들을 조종하고 있는가?'라고 본다.

화를 잘 내는 사람에게는 이런 조종이 몇 가지 다른 방식으로 나타날 수 있다. 분노로 다른 사람을 자기 맘대로 움직이려 들거나 타인에게 해가 되는 방식으로 상황을 조종하기도 한다. 상황이 안 좋은 방향으로 흘러갈 걸 예상해 사전에 사람들을 통제하려고 할 수도 있다.

분노한 어느 직원이 회의를 앞두고 동료들에게 독단적이고 공격적인 이메일을 보내서 아예 계획에 없던 일을 하게 만들 수도 있다. 아니면 이지의 아버지처럼 분노를 이용해 상대방을 조종할지도 모른다. 이지 아버지의 분노는 그가 상황을 통제하기 힘들겠다고 느낄 때 다른 사람들을 곁에 붙들어 둘 수 있게 했다. 화내는 사람들은 의도적이든 그렇지 않든 사람들에게 겁을 줘서 그들을 자신이 원하는 방식으로 행동하도록 조종한다.

☆ 유발

유발은 다소 복잡한 작용 요인이다. 인간은 상호작용으로 상대방의 반응을 끌어내며 이는 대개 의도치 않게 진행된다. 상황이나 타인에게 접근하는 방식에 따라 특정 반응을 유도하기도 한다. 가령 외향적인 사람은 낯선 이들과 상호작용할 때 친절하고 외향적인 방식으로 접근한다. 그렇게 되면 상대방도 이들의 접근 방식을 반영해 마찬가지로 긍정적인 태도로 대하는 경향이 있다. 즉 친절하게 대함으로써 친근함을 불러일으키는 것이다.

그런데 화를 잘 내는 사람은 의도치 않게 비우호적인 반응을 불러일으킬 수 있으며 심하면 화를 내게 만들기도 한다. 화를 잘 내는 사람이 불만족스러운 경험을 예상하며 어떤 상황을 맞는다고 가정하자. 불만을 기대하면 아무래도 조바심 내거나 무례한 말투로 이야기하거나 무뚝뚝한 태도를 띠게 된다. 이런 태도는 마찬가지로 무례하고 무성의한 반응을 유도해 예상했던 짜증과 분노를 일으킨다. 일종의 자기충족적인 예언이 되는 것이다.

인간의 5가지 성격

분노가 성격 특질이라면 어떤 종류의 특질일까? 분노가 어떤 사람에게든 주 특질로 나타난다고 보기는 어렵다. 앞서 설명했듯 모든 사람에게 주 특질이 있는 것은 아니다. 올포트는 주 특질이 꽤 드물게 나타난다고 했다. 주 특질은 한 사람의 거의 모든 행동과 생각에 영향을 미치는 특성인데 분노가 성격의 중심이고 거의 모든 행동에 영향을 줄 정도로 쉼 없이 분노하는 사람이 있을 것 같지는 않다.

화를 잘 내는 사람을 주변에 둔 사람들에게 들은 바에 따르면 그들 대부분은 이지의 설명과 마찬가지로 항상 화를 내는 건 아니지만 자극을 받으면 금세 분노한다. 이런 점을 고려할 때 분노는 중심 특질이나 이차적 특질에 더 가깝다고 봐야겠다. 이 경우 분노는 그의 사람됨이 어떤지를 보여주는 주요한 측면으로써 생각과 행동의 많은 부분에 영향을 준다.

분노는 성격의 일부일 뿐 아니라 사람됨의 주요 구성 요소다. 우리가 흔히 친절함, 적극성, 붙임성 같은 성향을 성격 특질로 받아들이는데, 화를 잘 내는 성향을 이런 식으로 받아들이지 않을 이유가 어디 있겠는가?

정서성을 성격 특질로 받아들이는 것이 타당하다는 확고한 근거가 있다. 심리학자들이 '5가지 성격 특성'이라고 부르는 모델에서 그 근거를 찾을 수 있다.

1936년 올포트와 오베르트의 연구 이후 많은 학자가 다양한 통계적 방법을 이용해 주요 성격 특성을 파악하는 작업에 돌입했다. 그중 1985년 폴 코스타Paul Costa 와 로버트 맥크래Robert McCrae 의 NEO 성격 검사NEO-Personality Inventory 에 주목할 만하다.

이들은 연구를 통해 신경성, 외향성, 개방성, 성실성, 친화성이라는 5가지 성격 특성을 밝혀냈다. 신경성은 사실 감정과 연관된 특성의 조합이다. 신경성이 있는 사람은 감정적이고 변덕스럽고 불안해하는 경향이 있으며, 두려움, 죄책감, 슬픔, 분노 같은 감정을 쉽게 느낀다. 코스타와 맥크래에 따르면 정서성은 단순한 성격 특성이 아니라 가장 관련성이 높은 성격 특성 중 하나다.

그는 화를 잘 내는 성격이다

1996년 제리 디펜바허Dr. Jerry Deffenbacher는 콜로라도 주립대학 연구원 일곱 명과 함께 화를 잘 내는 성격에 관한 아주 중요한 논문을 집필했다. 이 논문은 화를 잘 내는 성격에 관한 5가지 가설과 개별 프로젝트 8가지가 포함된 방대한 규모였다. 논문을 쓴 사람이 여덟 명이면 상당히 많은 편인데도 완성되기까지 8년이나 걸렸다. 이 연구는 분노를 성격 특성으로 규정하는 중요한 연구로 자리매김했다.

연구원들은 분노를 성격 특성으로 간주할 수 있다는 가설을 입증하기 위해 질문지를 이용해 분노의 다양한 측면을 평가하는 8가지 연구를 수행했다. 프로젝트 중 한 가지에서는 특성 분노 테스트 점수가 남달리 높거나 낮은 사람들을 조사했다.

연구원들은 참가자들에게 추가 질문지를 건넸고 마음을 불편하게 만드는 이야기를 듣게 하는 등 여러 가지 활동을 수행했다. 테스트에서 높은 점수를 받은 참가자들은 자극을 받았을 때 심박 수와 혈압이 높아지는 등 더 심한 생리적 증상을 경험했고, 화를 낼 가능성도 더 컸다. 일상적으로 분노를 경험할 확률이 높았다.

논문 후반부에는 더 높은 점수를 받은 사람들은 분노와 연관된 부정적인 결과를 더 심하게 경험한다는 사실도 다뤄졌다. 연구원들은 화를 잘 내는 사람들에게 지난해 최악으로 화났던 상황 두 가지를 설명해달라고 요청했다. 이들의 대답을 분석한 결과 테스트에서 높은 점수를 받았을수록 심각한 결과를 겪었다는 사실을 발견했다. 그들은 분노해서 다른 사람을 다치게 하거나 물건을 부쉈다. 약물이나 알코올에 의존할 가능성도 컸다.

이 논문은 분노에 대한 연구 전반과 이 책의 전제로서 대단히 중요하다. 분노에 관한 아주 중요한 사실, 분노는 감정이자 성격 특성으로도 볼 수 있다는 사실을 밝혀냈기 때문이다. 디펜바허와 동료 연구원들은 특성 분노는 화를 내는 성향의 근본적인 개인차라고 설명했다. 이런 성격 특성이 있는 사람은 화를 더 잘 내고 분노의 강도도 더 세다. 통제하기 어려운 방식으로 분노를 표출하고 부정적 결과를 더 많이 경험한다.

분노는 다양한 방식으로 표현된다

분노를 성격 특성으로 다룰 때 기억할 점은 그런 특성이 항상 우리가 예측하는 방식으로 발현되지는 않는다는 사실이다. 사람들 대부분은 화를 잘 내는 사람이라고 하면 이지의 아버지 같은 사람을 떠올린다. 상대방에게 고함지르고 상처 주는 말을 하는 사람, 남을 통제하려 들고 함부로 대하는 사람, 언제 분노가 폭발할지 예측이 어려워 함께 지내기 불편한 사람 말이다.

디펜바허와 동료들이 내놓은 설명조차도 화를 잘 내는 성격을 담아내기에는 다소 편협한 관점이다. 분노는 다양한 방식으로 표현될 수 있다. 화나면 언성 높이거나 고함을 지르는 사람도 있지만 토라지거나 침잠하는 사람도 있다. 뜬소문을 퍼뜨리거나 의도적으로 책무를 게을리하는 등 수동적 공격 성향을 나타내는 사람도 있다.

분노는 긍정적인 방식으로 표현될 수도 있지만 이 책은 분노의 해로운 측면에 대처하는 법을 다룰 것이므로 부정적인 표현 방식에 중점을 두고 논의할 것이다.

아마 당신이 이 책을 읽기로 마음먹은 이유는 다음 둘 중 한 가지 때문일 것이다. 첫째, 업무 특성상 화내는 사람들을 비교적 자주 대면하기 때문에. 둘째, 주변에 화를 잘 내는 사람이 있는데 그와 더 잘 지낼 효과적인 방법을 배우고 싶어서. 만일 후자라면 잠시 그 사람의 분노 성향이 어떤지 아래 질문에 답하며 떠올리는 시간을 갖도록 한다.

1 그의 분노가 주 특질, 중심 특질, 이차적 특질 중에 어떤 특질이라고 생각되는가?

2 그가 의도적 또는 비의도적으로 자신의 환경을 선택하거나 조종하거나 화를 불러일으키는 자극을 유발하는 상황을 알아차릴 수 있는가?

3 그는 분노를 주로 어떤 식으로 표현하고 그것이 초래할 결과는 어떤 것들이 있는가?

그들은 왜 화를 낼까?

당신이 대응할 분노한 사람이 공격적인지, 남에게 피해를 주는지, 그저 짜증나게 만드는지에 관계없이 효과적으로 대처할 방법이 있어야한다. 그중 한 가지는 상대방이 분노한 이유를 철저히 이해하는 것이다. 여기서 말하는 이유는 상대방을 분노하게 만드는 특정 조건을 의미하는 건 아니다.

　내 말이 의미하는 건 그를 화를 잘 내는 사람으로 만든 양육환경, 문화, 유전, 세계관 등의 광범위한 요인이다. 그들은 애초부터 그런 성향으로 태어난 걸까? 아니면 복잡한 인생을 살아온 결과로 그런 성향이 생겼을까? 우리는 어떤 성향을 지니고 태어나며 인생을 살아가면서 무엇을 배우는 걸까?

그 감정은 그의 것이 아니다

연쇄살인범은 그렇게 태어났을까?

나의 정신병리학 수업에서는 매 학기 약 2주에 걸쳐 인격장애에 관한 내용을 다룬다. 미국 정신의학협회에서 발행한 〈정신질환의 진단 및 통계 편람〉에 따르면 인격장애는 '해당 문화의 기대치에서 현저하게 벗어나는 내적 경험과 행동의 지속적인 패턴'으로 정의된다.

이런 정의가 의미하는 바는 그 사람의 성격에 사회적 문제를 유발할 수 있는 부적절성이 존재한다는 것이다. 생각하고, 느끼고, 타인과 상호작용하는 방식에서 이런 부적절한 패턴이 나타난다. 인격장애의 예로는 자기애성 인격장애, 편집성 인격장애, 반사회적 인격장애 등이 있다.

그중 반사회적 인격장애는 학생들이 특히 흥미롭게 여기는 주제다. 반사회적 인격장애가 있는 사람은 타인의 권리를 무시하고 침해하는 습관을 보인다. 이들은 신체적·언어적으로 사람들에게 피해를 준다. 이를테면 남에게 거짓말하고, 금전적 이득을 얻기 위해 타인을 착취하며, 자주 몸싸움을 벌인다. 그러면서 대개 이런 행위에 대한 양심의 가책을 거의 느끼지 않는다.

학생들이 반사회적 인격장애에 특히 흥미를 느끼는 이유는 언론에서 종종 보도되는 연쇄살인범이나 강력범 사례를 흔히 연상시키기 때문이다. 물론 이런 사례는 나도 흥미롭게 여긴다. 하지만 내가 반사회적 인격장애에 흥미를 느끼는 주된 이유는 〈정신질환의 진단 및 통계 편람〉에 분노와 연관된 표현들이 관련 증상으로 나열된 몇 안 되는 질환 중 하나이기 때문이다.

분노는 정신역동(과거의 경험이 현재의 문제에 어떤 영향을 미치는지를 설명하고 이를 바탕으로 문제를 해결하려는 이론)의 견해에 뿌리를 두고 있다. 다른 감정과 비교하면 통제 가능한 감정이라는 인식이 있다. 편람에서는 반사회적 인격장애를 이렇게 설명한다. 잦은 몸싸움이나 폭행으로 나타나는 과민성 및 공격성.

학생들이 반사회적 인격장애와 그 밖의 인격장애에 대해 논의하고 싶어 하는 부분은 장애를 초래하는 원인이 무엇인가다. 학생들은 반사회적 성향을 지니고 태어나는 것인지, 아니면 그것이 성장 배경과 환경의 산물인지를 알고 싶어 한다. 이는 본질적으로 '성격을 만드는 것은 무엇인가?'라는 질문이며 이 질문의 답은 단순하지 않다.

난폭한 아버지가 물려준 것

네이선은 분노 문제를 해결하기 위해 나를 만나 치료 작업을 진행했었다. 그의 분노 패턴은 예측 가능성이 높았다. 그는 대체로 화를 잘 안 내는 사람이었다. 상당히 느긋하고 순탄한 성격이었다. 당시 잘 나가는 대학생이었고 주위엔 그를 좋아하고 그와 친해지고 싶어 하는 친구들이 많았다. 상담받는 동안 늘 아주 상냥했다. 상담을 진행하는 동안 화내는 모습도 보지 못했다.

그런데 여자 친구만 만나면 분노하는 패턴을 보였다. 여자 친구의 말이나 행동에 화를 내고 쏘아붙였다. 신체적 학대는 없었지만 언어나 정서적 학대를 지속한 게 명백했다. 그는 이 사실을 인정했다. 여자 친구에게 소리 지르고 잔인한 말을 하고 옆에서 말리는 그녀의 친구들에게까지 호통을 쳤다고 했다. 항상 그랬던 건 아니었지만 말이다.

나는 그가 분노한 모습을 본 적은 없지만 슬퍼하거나 겁먹은 모습은 여러 번 봤다. 그는 이런 일이 생기고 나면 심한 죄책감, 슬픔, 수치심에 빠지곤 했다. 여자 친구와 그녀의 친구들 앞에서는 천생 악당 같았지만 내 연구실에 와서는 흐느껴 울었다. 참고로 이런 그의 행동이 학대 관계에서 나타나는 흔한 패턴이라는 것을 아주 잘 알고 있다. 그가 여자 친구에게 안긴 고통을 정당화하거나 축소하려는 의도는 결코 아니다. 그저 전체적인 상황을 머릿속에 그릴 수 있도록 이런 설명을 하는 것뿐이다.

그는 자기 행동이 정말로 증오스럽지만 그런 순간에 도저히 자신을 막아 세울 수가 없다고 말했다. 하루는 흐느껴 울며 이렇게 말했다. "그러고 싶지 않아요. 폭군이 되고 싶진 않아요. 사람들이 저를 두려워하게 만들고 싶진 않아요." 네이선의 분노는 대체로 특정 상황에서만 나타났다. 올포트의 용어로 설명하자면 이차적 특질이었다. 그는 특정 상황에 화를 냈고 그의 분노는 여자 친구를 통제하려는 욕구와 질투심에서 비롯된 듯했다. 그는 여자 친구를 잃을까 두려워했으며 그런 감정이 끔찍한 방식으로 표출됐다.

네이선은 폭군 밑에서 자랐다. 그의 아버지도 화를 잘 내는 사람이었지만 화내는 방식은 네이선과는 아주 달랐다. 네이선의 아버지는 모든 것, 모든 사람을 통제하려 했다. 그는 네이선뿐 아니라 만나고 소통하는 모든 사람에게 금세 발끈하고 화를 냈다. 분노가 중심 특질인 사람이었다. 그는 아버지가 언제 발끈할지 예측하기가 힘들었다. 그저 분노 표출이 빈번하고 강렬하다는 두 가지 특성이 있었다.

언제, 무엇 때문에 아버지가 불같이 화를 낼지 도통 알 길이 없었다. 아버지는 맘에 안 드는 상황이 생기면 화를 냈다. 분노한 감정을 무섭게 표출했다. 고래고래 고함지르고 욕설을 퍼부었다. 네이선과 그의 가족들에게도 화를 냈고 모르는 사람들에게도 자주 화를 냈다.

네이선은 평생 아버지를 두려워하며 살았다고 했다. 아버지와 함께 있을 때면 아버지가 자신이나 주변 누군가에게 화내진 않을지 늘 마음 졸였다. 아버지가 자신에게 고함지르는 게 아니어도 아버지의 고함을 듣는 자체가 싫었다. 평생 아버지를 화나게 하는 행동을 할까 봐 조마조마하며 살았다. 분노를 표출하는 사람과 함께 지내는 사람들은 흔히 이런 경험을 한다. 그런 삶이 정말 고단하며, 살얼음판을 걷는 기분이라고 말한다.

설상가상으로 주변 누군가가 아버지를 화나게 할까봐 항상 마음 졸였다. 주변 사람의 행동까지 통제할 수 없음을 알면서도 상당한 시간을 그런 생각을 하며 보냈다. 아버지와 식당에 갔다가 꾸물거리는 직원이 보이면 혹시라도 아버지가 화내지 않을까 싶어 애가 타서 자기도 모르게 아버지 대신 조바심을 내며 식당 직원을 재촉하고는 했다.

형제자매가 아버지의 심기를 건드릴지 모를 말이나 행동을 시작하면 아버지가 소리를 지를까 봐 걱정됐다. 제멋대로 굴지 말라고 꾸짖고, 아버지가 싫어하는 이야기가 나오면 주제를 바꾸려고 했다. 아버지의 분노를 자극할 수 있다고 생각되는 이야기는 아예 꺼내지 않으려고 신경 썼다. 네이선은 아버지가 어떤 상황에 짜증을 내는지 알았다. 애초에 그런 상황이 생기지 않게 하려 애썼다.

통제에 대한 욕구는 바로 이런 역학에서 생겨났다. 다른 사람들의 잘못된 행동은 아버지의 분노를 자극했고, 아버지의 분노는 네이선을 겁에 질리게 했다. 이에 대처하는 그의 방식은 예방이었다. 이는 주변 사람을 통제하는 걸 의미하기도 했다. 그는 사람들이 특정한 방식으로 행동하기를 원했다. 그렇게 되지 않으면 불안하고 좌절감이 들었기 때문에 본의 아니게 주변 사람들을 줄 세우려고 했다. 그리고 지금 만나는 여자 친구(나중에 알게 되겠지만 그가 인생에서 만난 다른 많은 사람)에게도 그랬다. 그는 분노를 이용해 통제력을 유지하려 했다.

이제 네이선이 왜 그렇게 남들을 구속하고 통제하려 했는지 알게 됐다. 그런데 네이선의 아버지는 어째서 그렇게 화를 많이 내는 사람이 된 걸까? 네이선의 관점에서 아버지의 성격을 파헤쳐본 바에 따르면 그의 아버지의 여러 성격 특성에서 비롯된 듯하다.

예를 들면 아버지는 참을성이 부족했다. 그는 뭐든지 빨리, 제대로 처리되길 원했다. 또 남을 판단하고 비판하는 경향이 있었다. 주변 사람들에 대한 기대치가 높았고 사람들이 기대치에 못 미치면 심하게 비판했다. 그는 본인 생각을 남들 앞에서 거리낌 없이 말하는 성격인데다 남을 비판할 땐 목소리를 크게 높였다. 분노를 큰 소리로, 공격적으로 표출할 때가 많았다.

주변에 화를 잘 내는 사람이 있다면 그런 성격에 영향을 준 요인으로 어떤 것이 있는지 찾아보자. 그의 분노는 참을성이 부족한 성격 때문인가? 아니면 상황을 통제하려는 욕구, 권리에 대한 욕구, 그 밖의 요인에서 비롯된 것인가?

유전자가 먼저냐 환경이 먼저냐

네이선 이야기가 흥미로운 이유는 분노가 유전과 양육이라는 두 가지 경로로 그의 아버지에게서 그에게로 전달됐다는 증거가 엿보이기 때문이다. 그는 다양한 방식으로 아버지에게 영향을 받았다. 일부는 태어나기도 전에 시작됐다.

유전과 분노에 대해서 논할 때, 유전자와 환경을 분리해서 생각할 수 없다는 사실에서부터 시작해야 한다.

네이선의 분노 문제가 유전 때문인지 양육환경 때문인지 묻는 것은, 설탕과 밀가루 중 무엇이 케이크를 맛있게 만든 건지 묻는 것과 같다. 유전자와 환경은 애초엔 분리된 상태지만 둘을 한데 넣고 섞으면 케이크라는 결과물이 된다. 둘 중 어느 한쪽을 빼면 케이크가 될 수 없다. 네이선의 분노 문제가 유전에 따른 것인지 양육환경 때문인지 정확히 말할 수 없다. 양쪽 모두가 작용한 결과다. 이는 과학자들이 '유전자와 환경의 상호작용' 또는 'G×E 상호작용G × E interaction, G by E'이라고 지칭하는 현상이다.

G×E 상호작용이란 우리의 특성과 성격 등이 유전자와 환경의 상호작용에 영향을 받았다는 것이다. 태어날 때 불안, 총명함, 분노 등 특정 성향을 띠고 인생을 시작할지 모르지만 그런 것들은 우리가 성장하는 환경의 영향을 받는다.

예를 들어 똑똑한 성향의 유전자를 가지고 태어난 사람이 있다고 치자. 그가 영아기에 납, 수은, 알코올 등 환경 독소에 노출되면 아마 지능이 떨어질 가능성이 높을 것이다. 단순히 유전자만 놓고 따졌을 때 예상했던 높은 지능지수가 결국 발현되지 않을 가능성이 크다.

예시가 다소 극단적이기는 해도 이와 비슷한 현상이 어떤 특성에 든 나타날 수 있다. 키가 클 가능성을 높이는 유전자를 물려받았더라도 식단이나 다른 요인의 영향을 받아 나중에 예견된 것보다도 키가 작을 수 있다. 불안해하는 성향을 물려받았지만 어릴 때 경험이 그런 성향을 완화해 불안한 성격으로 발전하지 않을 수도 있다. 반대 상황도 나타날 수 있다. 예컨대 불안함에 대한 유전적 성향이 별로 없는 사람이 어릴 때 충격적인 경험에 노출된 뒤 불안해하는 성격이 되기도 한다.

G×E 상호작용은 유전학자들이 실제로 연구하는 내용이다. 유전학자들은 단순히 유전자에만 관심이 있는 것이 아니다. 이와 관련해 미국 국립인간유전체연구소의 연구원 프란시스 G. 콜린스Dr. Francis S. Collins는 이렇게 설명한다.

"많은 사람이 유전학자들은 유전자에만 관심이 있지 환경에는 별다른 중요성을 두지 않는다고 생각합니다. 그런데 실은 그렇지 않습니다. 당뇨병이나 암, 심장병 같은 복합적 질병 대부분은 유전자와 환경의 상호작용에서 유발되지요. 유전적으로 특정 질병에 걸릴 확률이 높게 태어날 수는 있지만, 환경적인 촉발 요인이 함께 작용하지 않는다면 아마도 병에 걸리지 않을 겁니다. 그래서 유전자와 환경이 어떻게 함께 작용하는지 유전적으로 위험이 큰 사람의 환경을 어떻게 조정하면 좋을지 이해하는 건 유전학에서 대단히 중요한 연구 분야입니다."

감정도 유전될까?

이런 사실이 의미하는 바가 뭘까. 분노와 공격성을 예측할 수 있는 유전 인자가 환경적 요인과 상호작용해 만성적 분노를 일으킨다는 사실이다. 네이선 같은 사람은 분노 문제가 생길 가능성이 큰 유전적 요인을 가지고 태어났지만, 환경이 이런 문제를 의미 있는 방식으로 유발하지 않았기 때문에 분노 문제가 실제로 발현되지 않을 수도 있다. 반대로 유전적 요인이 특별히 없는 사람도 문제를 유발하는 환경에서 성장했다면 심각한 분노 문제를 일으킬 수 있다.

반사회적 인격장애와 관련해 유전학적 영향을 밝히려는 많은 연구가 진행됐다. 이 분야에서 밝혀진 내용은 2010년 크리스토퍼 퍼거슨Dr. Christopher Ferguson이 메타분석 기법으로 진행했던 프로젝트에 훌륭히 정리됐다. 메타분석은 이미 발표된 연구를 종합해 의미를 탐구하는 방법이다. 퍼거슨은 쌍둥이, 입양아, 행동 유전학 연구 설계 등에 기초해서 반사회적 인격장애를 다룬 기존 논문 38편을 찾아 분석했다.

쌍둥이와 입양아 연구는 유전적 요인을 탐구하는 데 아주 효과적인 방법이다. 일란성 쌍둥이와 이란성 쌍둥이를 비교하면 유전 가능성을 더 자세히 조사할 수 있다. 만일 반사회적 인격장애가 유전적인 요인에 백 퍼센트 좌우된다면 일란성 쌍둥이 중 한 명에게 반사회적 인격장애가 있을 경우 다른 한 명에게도 장애가 있을 것이다. 그런데 이란성 쌍둥이는 평균적으로 유전자의 약 50퍼센트를 공유하기 때문에, 이란성 쌍둥이 중 한 명이 반사회적 인격장애를 갖고 있다면 다른 한 명에게서 반사회적 인격장애가 나타날 확률은 약 50퍼센트다.

쌍둥이 연구가 특히 흥미로운 이유는 일란성 쌍둥이와 이란성 쌍둥이 모두 자랄 때 환경과 양육 방식이 매우 유사하기 때문이다. 쌍둥이의 경우 환경의 영향이 대체로 동일하다. 쌍둥이들 사이의 주된 차이점은 유전적 배경이다.

입양아 연구에도 비슷한 원리가 적용된다. 입양아는 양부모와 유전자를 공유하지 않으므로 입양아를 양부모와 친부모 양쪽 모두와 비교해볼 수 있다. 어떤 특성은 친부모와 유사하고 어떤 특성은 양부모와 유사한지 살필 수 있다. 퍼거슨은 반사회적 인격장애를 조사하면서 이 방법을 적용한 연구를 40편 가까이 검토해 반사회적 인격장애에서 56퍼센트는 유전학적인 설명이 가능하다고 결론 내렸다.

물론 이런 결론은 반사회적 인격장애를 갖고 태어나면 우리가 손쓸 방법이 없다는 것을 의미하지는 않는다. 유전적 요인과 환경적 요인이 상호작용한다는 사실을 기억하자. 연구가 의미하는 바는 반사회적 인격장애가 발생할 더 높은 가능성을 물려받을 수 있다는 것이다. 그런 성향은 양육환경, 환경적 노출, 또래 관계, 교육 기회, 그 밖의 여러 요인에 좌우될 수 있다. 그렇다면 분노에 대해 우리가 구체적으로 알고 있는 것은 무엇일까? 분노의 감정이나 분노를 표현하는 방식도 유전되는 걸까?

왕샤오링Dr. Xiaoling Wang 과 동료들은 2005년에 이를 알아보기 위한 연구를 설계했다. 연구진은 일란성 쌍둥이와 이란성 쌍둥이 306쌍의 분노 표현 유형을 조사해서 유전적 요인이 실제로 작용한다는 사실을 발견했다. 이 연구는 사람들이 화를 얼마나 많이, 자주 내는지가 아니라 분노를 표현하는 방식을 예측하는 데 초점을 맞췄다.

연구 결과, 분노 억제와 통제는 유전적 요인에 가장 큰 영향을 받는다는 사실이 밝혀졌다. 분노 표출 성향은 어떤 환경적 영향을 공유했는지에 가장 크게 좌우됐다.

분노한 사람의 뇌에서 벌어지는 일

유전적 요인은 분노에 어떤 식으로 영향을 미칠까? 인간의 유전자가 뇌나 다른 신체 기관에서 변화를 일으켜 화를 잘 내는 사람을 만드는 요소로 기능할 수도 있을까? 네이선이 정말 아버지의 기질을 물려받았다면 어떻게 그런 일이 일어난 걸까?

유전자와 유전적 요인으로 나타나는 감정적 반응 사이의 구체적 연관성을 찾아내는 것은 불가능할 수도 있다. 사실 유전적 요인에 대해 이야기할 때 우리는 분노를 유발하는 단일 유전자를 논하는 것이 아니다. 그렇게 단순한 경우는 드물거나 아예 없다. 유전적 요인은 호르몬이나 특정 뇌 구조의 크기와 연관이 있을지 모를 다양한 유전자 조합의 문제다.

예를 들어 2013년의 어느 연구에서는 뇌 편도체의 크기를 유전자 조합으로 예측할 수 있다는 사실이 발견됐다. 편도체는 뇌의 중심부 깊숙한 곳에 자리한 한 쌍의 구조로 흔히 감정의 컴퓨터로 묘사된다. 우리가 분노를 느끼는 것은 편도체가 자극적이라고 판단한 정보를 받아들였기 때문이다. 그렇게 되면 편도체는 분노 반응을 일으킨다.

편도체는 감정의 컴퓨터라는 비유에 어울리게 정보를 처리하고 이에 대한 감정적 반응을 내놓는다. 편도체는 분노 버튼을 누르는 뇌의 일부다. 이런 일이 발생하면 뇌의 다른 영역에 신호를 보내 분노 반응이 이어지면서 도미노가 시작된다.

다음 차례의 도미노는 자율 신경계를 제어하고 투쟁-도피 반응을 일으키는 시상하부다. 몸의 심박 수가 증가하고 호흡이 빨라진다. 근육이 긴장되고 땀이 나기 시작하며 소화 기능이 느려진다. 우리 몸은 이런 식으로 겁을 먹으면 도피하거나 투쟁할 준비를 한다. 이는 위험에서 멀리 도망치거나 불의에 맞설 에너지를 공급하기 위한 일련의 작용이다.

이와 동시에 편도체는 안면 신경 운동핵에 신호를 보낸다. 이 부위는 뇌간에 있는 신경세포 다발로 무의식적인 표정을 제어한다. 예를 들면 주름 잡힌 이마, 움츠러든 입술, 냉랭한 눈길처럼 즉각적으로 나타나는 표정들은 우리가 제어할 수 없다. 최소한의 통제력만 발휘할 수 있는 부분이다. 우리는 감정을 조절해보려고 시도하기도 전에 자극에 대한 즉각적인 반응으로 저런 표정들을 짓는다.

이를테면 의도적으로 자신의 표정을 가다듬을 수 있지만 애초에 반응이 일어난 뒤에만 그런 시도를 할 수 있다. 심호흡하거나 다른 표정을 짓거나 말이나 행동으로 상대방을 공격하려는 욕구를 제어하는 등 통제력을 담당하는 뇌 부위는 전전두피질이다. 전전두피질은 이마 바로 뒤쪽에 자리한 뇌 영역으로 의사 결정, 계획, 높은 수준의 사고력이 필요한 과업에 관여한다. 분노를 어떻게 처리할지 결정하는 곳도 바로 전전두피질이다. 일부 사람들은 이곳에서 상대방을 몰아세우고 싶은 욕구를 억제할 수 있다.

전전두피질의 작용도 부분적으로는 유전자의 영향을 받는 것으로 확인됐다. 뇌 영상을 검토했던 2007년 어느 논문에서는 전전두피질의 크기가 유전적인 측면의 영향을 받는다는 사실을 발견했다. 전전두피질이 현재의 형태와 특성을 띠는 것은 우리가 물려받은 유전 형질 때문이다. 전전두피질은 감정을 제어하고, 분노의 감정을 거친 말과 행동으로 표출하지 않는 능력을 발휘한다.

호르몬의 장난

그런데 분노와 공격성에 영향을 미치는 유전적 요인이 뇌 구조만 있는 것은 아니다. 분노에 영향을 미칠 수 있는 우리 몸의 호르몬 분비 또한 유전자로 볼 수 있다. 이제 테스토스테론 이야기를 꺼내려 한다. 테스토스테론 이야기를 꺼내는 건 개인적으로 상당히 두렵고 긴장되는 일이므로 가능한 조심스럽게 설명해나가려고 한다.

테스토스테론과 생물학적 성별의 관계를 고려할 때 '테스토스테론이 공격성의 원인'임을 암시하는 모든 논의는 결국 '남성이 여성보다 공격적인 이유는 테스토스테론 때문'이라는 뜻으로 해석될 수 있기 때문이다. 이런 해석은 여러 이유로 공정하지 못하다. 첫째, 남성이 여성보다 더 공격적인 성향을 띠는 이유는 여러 가지다. 둘째, 테스토스테론이 항상 분노와 공격성을 증가시키는 것은 아니며 적어도 사람들이 생각하는 방식으로는 아니다.

테스토스테론, 공격성, 분노와 관련해 널리 알려진 사실은 다음과 같다. 테스토스테론은 성적 발달에 중요한 역할을 하는 성호르몬이다. 사춘기에는 테스토스테론이 성기의 추가적인 발달, 근육량, 뼈의 성장 등에 관여한다.

테스토스테론은 성적 흥분이 나타나기 직전과 도중에 방출된다는 점에서 성적인 측면을 활성화하는 효과도 있다. 역사적으로 테스토스테론은 공격성의 생물학적 원인으로 지목됐으며 거기엔 그럴 만한 이유가 있다. 하지만 최근 밝혀진 바로는 그런 연관성은 지극히 모호하고 대부분이 생각하는 것만큼 확실하지 않을 가능성이 크다.

테스토스테론이 공격성의 지표처럼 보이지만 테스토스테론은 공격성 자체를 예측하는 요인이 아니며 테스토스테론만으로 모든 유형의 공격성을 예측할 수도 없다. 테스토스테론 연구 대부분은 동물 대상으로 이뤄져왔다. 일관된 보고 결과로는 테스토스테론이 사회적 지위 추구와 관련 있으므로 사회적 형태로 발현되는 공격성을 더 잘 예측하게 해준다는 사실이다.

예컨대 테스토스테론은 영향력이나 영역을 주장하는 공격성을 상당히 잘 예측하게 해주는 요인이다. 그렇지만 동물에게서 나타나는 포식성 공격성이나 방어적 공격성만큼 좋은 예측 인자는 아니다.

최근까지 인간 대상으로 진행된 테스토스테론 연구 대부분은 연관성을 살피는 연구였다. 연구원들 대부분은 남성으로 구성된 실험 참가자들의 테스토스테론 수치와 폭행 전력을 조사하고 둘 사이의 연관성을 확인했다. 그 결과 폭력성은 강간, 살인 등 강력 범죄와는 관련 있었지만, 절도나 약물 남용 같은 비폭력성 범죄와는 관련 없는 것으로 나타났다. 표면적으로는 테스토스테론이 공격성을 높인다는 증거처럼 보인다.

하지만 이 연구의 방향성에 대한 의문이 늘 제기된다. 높은 테스토스테론 수치가 폭력을 유발하는 것일까, 폭력이 테스토스테론 수치를 상승시키는 것일까? 제프코트Jeffcoate 와 동료들이 수행한 1978년 연구에서 이 사실이 확인됐다.

연구팀은 남성 5명을 2주간 배에 가둬두고 매일 테스토스테론 수치를 측정했다. 분석 결과 이들 사이에 서열이 정해진 후로 서열에 맞게 테스토스테론 수치도 변했다는 사실이 확인됐다. 연구팀은 일부 상황에서는 사회적 상호작용이 인간의 내분비 상태를 변화시킬 수 있다고 결론 내렸다.

최근에는 테스토스테론 대체 요법 사용이 증가하면서 테스토스테론이 인간의 분노와 공격성에 미치는 영향을 더 깊이 연구할 바탕이 마련됐다. 연구원들은 테스토스테론이 감정과 행동에 미치는 영향을 평가하기 위해 테스토스테론 수치를 실험적으로 조절해볼 수 있게 됐다.

한 연구에서는 남성 참가자들을 테스토스테론을 투여한 집단과 플라세보를 투여한 집단으로 나누고 비디오 게임을 시켰다. 연구원은 이들에게 의도적으로 결함이 있는 조이스틱을 지급했다. 참가자들은 이 사실을 전혀 모른 채 우승자에게 걸린 보상을 얻기 위해서 애썼다. 하지만 애를 써도 결코 우승할 수 없는 상황이었다.

연구팀은 테스토스테론을 투여한 집단이 플라세보를 투여한 집단보다 공격적이지는 않지만 더 심하게 분노하고 화를 냈다는 사실을 발견했다. 이 연구는 테스토스테론 투여가 더 큰 분노를 유발하지만 딱히 공격성을 높이지는 않는다는 사실을 밝힌 여러 연구 중 하나다.

실험 참가자들은 부분적으로라도 지위 상승 욕구가 좌절된 것에 분노했을 가능성이 크다. 더 높은 지위를 얻고자 하는 사람들은 그런 욕구가 좌절될 때 종종 분노를 느낀다. 이는 목표를 저지당하는 상황의 일종이다. 그들은 자신의 업적을 인정받고자 하며 이런 목표를 달성하지 못했거나 제대로 인정받지 못한 기분이 들 때 분노를 느낀다. 남들의 인정을 포함해 자신이 응당 받아야 한다고 느끼는 것을 받지 못하면 몹시 화를 낸다.

이 사실이 의미하는 바는 무엇일까? 첫째, 동물의 경우 테스토스테론이 특정 유형의 공격성과 연관 있지만 사람의 경우는 그다지 연관성이 없을지 모른다. 둘째, 테스토스테론은 지위 상승 욕구와 관련이 있다. 셋째, 목표를 저지당하면 테스토스테론이 분노 반응을 일으킨다. 마지막으로 높은 지위를 추구하는 인간의 욕구는 분노와 관련 있을 가능성이 크다.

결과적으로 테스토스테론은 인간의 분노와 공격성에 직간접적적으로 작용하는 것으로 보인다. 테스토스테론 수치가 높아지면 분노하고 공격하는 성향이 커지며, 수치가 높을 땐 더 높은 지위를 얻으려는 욕구도 커지면서 더 쉽게 분노하는 성향이 나타난다.

이 논의의 출발점이었던 유전자가 분노에 어떤 영향을 미칠 수 있는지에 대한 이야기로 돌아가면, 유전자가 테스토스테론에 영향을 주는 요인이라는 사실은 명백하다. 이에 대한 연구는 꽤 오래전부터 진행됐지만, 지난 10년만 놓고 봐도 유전자가 테스토스테론 수치의 예측 인자라는 사실이 여러 연구에서 다양한 방법으로 입증됐다. 그중 한 연구는 40만 명 이상의 데이터를 분석해서 테스토스테론 수치는 남성과 여성 모두에게 유전되며, 테스토스테론 수치로 건강 상태와 관련된 다양한 결과를 예측할 수 있다는 사실을 밝혀냈다.

물론 이 사실이 분노한 사람들에게 효과적으로 대처하는 데 무슨 도움이 될까? 우리는 타인의 생물학적인 상태에 관여할 수 없는데 이 사실이 왜 중요하겠는가? 내가 서론에서 언급했던 측면에서 의미가 있다. 우리가 상대하는 분노한 사람들을 진정으로 이해하려면 그런 분노가 어디서 나오는지를 이해할 필요가 있다.

어린 시절 경험이 분노에 미치는 영향

유전학과 테스토스테론에 관한 연구를 살펴보던 중 테스토스테론과 관련이 있는 유전적 요인과 어린 시절의 환경적 요인을 모두 살펴본 2018년 논문을 발견했다. 이 연구의 저자인 더럼 대학교의 케슨 마기드 박사Dr. Kesson Magid와 동료들은 테스토스테론 수치가 유전적 요인보다는 어린 시절 경험과 밀접한 연관이 있다고 주장한다. 앞서 소개한 40만 명 규모 연구와 비교하면 이 연구는 참가자가 359명에 불과한 소규모 연구여서 너무 많은 결론을 도출하는 것은 조심스럽다.

그렇지만 이 연구는 앞에서 논했던 G×E 상호작용의 환경 부분을 보여준다. 앞서 분노를 예측하는 요인으로 설명했던 유전자, 뇌 구조,

호르몬 같은 생물학적 차이들은 모두 유전자에 뿌리를 두고 있다. 이와 동시에 어린 시절 경험을 중심으로 한 인생의 경험도 중요한 문제다. 네이선은 단순히 아버지의 유전자의 산물이 아니다. 그는 아버지의 양육 방식의 산물이기도 하다. 그의 분노의 근원에는 아버지의 행동, 세계관, 두 사람의 역학관계도 자리한다. 다음 장에서는 이런 발달 요인과 그것들이 분노에 미치는 영향을 더 구체적으로 논의할 것이다.

🗨️ (TIP) 생물학적 측면과 분노의 관계

주변에 화를 잘 내는 사람이 있다면 그런 성격에 어떤 생물학적 요인이 작용했을지 잠시 생각해보자. 경우에 따라 전혀 감이 안 잡힐 수도 있다. 유전적 요인을 명확히 파악할 만큼 그 사람에 대해 잘 알지 못할 수도 있다. 그의 가족의 역사에 대해 당신이 알고 있는 내용을 바탕으로 질문에 답해보자.

1 그의 분노에서 어느 정도가 유전적 요인의 결과라고 생각하는가?
2 그의 분노가 부분적으로 유전의 산물일 가능성이 크다는 사실을 알게 되면서 그에게 조금이라도 공감하는 마음이 드는가?

03

주변의 평가가 감정을 뒤엎는다

부모에게서 배운 감정 표현

큰아들이 세 살쯤 됐을 때, 아내와 나는 부엌에서 열띤 대화를 나누고 있었다. 무슨 내용이었는지는 기억이 안 나지만 아마 정치에 관한 대화였던 것 같다. 말다툼을 벌이진 않았다. 분명 서로의 의견에 동의했지만 둘 다 그 주제에 분노해 상당히 격렬한 대화가 오갔다. 목소리는 커졌고 얼굴은 굳어졌다.

　나는 평소 화나거나 심각한 얘기를 할 때 그랬던 것처럼 오른팔은 가로로 가슴에, 왼쪽 팔꿈치는 오른쪽 손목에 얹고 왼손으로 턱을 괸 자세로 서 있었다.

당시 아들은 방에 있었는데, 대화를 나누다 그쪽으로 시선을 돌려 보니 나와 똑같은 자세로 서 있었다. 근엄한 표정으로 한쪽 팔꿈치를 다른 팔의 손목에 걸쳐 두고 손에 턱을 괸 채로 나를 올려다보고 있었다. 그 모습이 사랑스러우면서도 뜨끔했다.

우리 부부는 아이 둘을 입양했다. 유전적인 측면에서 내가 아이들에게 물려준 건 없으며 아이들과 나는 신체적으로는 닮지 않았다. 그래서 다른 측면에서 나를 닮은 구석을 보는 경험은 강렬했다. 우리가 아이들에게 물려주는 것 중에는 생물학에 기초하지 않은 측면이 상당히 많다. 특히 정서적 발달과 관련해서는 더욱더 그렇다는 것을 일깨운 아주 흥미롭고 소중한 경험이었다.

감정을 억압받은 아이

시몬과 이야기 나눌 당시 마흔 살 생일을 앞두고 있었다. 대부분의 사회적 기준에서 볼 때 성공한 삶을 살고 있다고 자신을 설명했다. 그녀는 좋은 직업을 가졌고 경제적으로 자립한 상태였다. 결혼은 안 했고 자녀도 없었다. 그녀 스스로 설명했듯 즐거운 솔로 인생을 살고 있었다. 그녀는 자기 모습을 자랑스러워하면서 그 자리에 서기까지 상당한 노력이 필요했다고 했다. 20대와 30대 대부분을 사람들이 기대하는 모습으로 살아온 자신을 해체하면서 보냈다고 말했다.

그녀는 어른이 된 뒤 심각한 분노 문제를 겪었다. 자극을 받을 때마다 반사적으로 일어나는 분노와 전부 불태워버리려는 본능이 문제였다고 말했다. 그녀의 분노는 누군가에게 오해받거나 자기 힘으로 통제할 수 없는 기분이 들 때처럼 주로 예측할 수 있는 상황에 표출됐다. 그녀는 동기와 진실성을 의심받을 때 가장 격심한 분노가 치밀어 오른다고 말했다. 그녀는 사람들을 대할 때 높은 도덕적 기준을 지키려 노력했으며 진정성을 의심받으면 심하게 기분이 상했다.

운전할 때도 화를 많이 냈다. 업무상 운전할 일이 많았는데 많을 땐 하루 서너 시간씩 차를 몰기도 했다. 운전할 때면 다른 운전자들의 행동 때문에 날마다 목숨 건 모험을 하는 기분이 들었다. 운전은 난감함과 좌절감을 동시에 불러일으켰다. 이 기분은 아마도 그녀가 지키려고 노력하는 높은 도덕적 기준에서 비롯됐을 것이다. 그녀는 남을 배려하고 사려 깊게 행동하려 노력했다. 그래서 다른 사람들의 무심한 행동에 분노했다.

그녀가 분노를 표출하는 방법은 상황별로 달랐다. 운전할 땐 큰소리를 지르거나 욕을 하거나 경적을 울리곤 했다. 다른 상황, 예를 들어 가까운 사람에게 화를 낼 땐 입을 다물었다. 내면으로 침잠하고 때로는 자기혐오와 우울의 소용돌이에 빠지기도 했다. 그녀는 갈등을 싫어해서 피하려고 노력했다. 갈등 상황에 처하면 통제력을 잃은 기분과 무력감을 느꼈다. 차에 탔을 때만 분노를 외적으로 표출하는 이유도 바로 거기에 있었다. 아무도 그녀의 말을 들을 수 없고 다른 차의 운전자들 모두 모르는 사람들이기 때문에 차 안은 그녀에게 안전한 장소로 느껴졌다. 시몬의 이런 성향은 모두 어디서 비롯된 것일까?

그녀는 최근에야 어린 시절의 영향 몇 가지를 깨달았다고 했다. 겉으로 보면 꽤 혜택받은 양육환경에서 유아기와 청소년기를 보냈다. 마당 있는 집에서 살았고 큰 차도 있었고 아버지는 정장에 넥타이 차림으로 매일 회사에 출근하셨다. 기본적인 생활 조건은 넘치도록 잘 갖춰져 있었다. 그녀의 부모는 그녀를 잘 먹이고 재우고 입혔다.

하지만 동시에 시몬은 심각한 정서적 학대와 방임을 겪었다. 집에서는 부정적인 감정을 표현해서는 안 됐다. 그는 어렸을 때 끔찍한 아동 학대를 겪으며 성장했다. 시몬의 아버지는 알코올 중독자로 시몬이 다섯 살 때 술을 끊었지만 워낙 어릴 때 아이를 낳아서 무엇을 하고 있는지 본인도 잘 모르는 상태로 살았다.

그녀는 감정을 표현하는 것이 전혀 허용되지 않았다고 내게 말했다. 시몬은 모든 것에 의문을 제기하는 성향이었는데 이런 점이 아버지를 불편하게 만들었다고 생각한다. 그녀의 아버지는 부모로서 성공한 기분을 느끼고 싶어 했다. 그 말은 부모 말을 잘 듣는 예의 바른 아이들이 있다는 것을 뜻했다. 아버지는 자식들이 얼마나 고분고분하고 행실이 바르고 조용한지를 세상에 보여줄 수만 있으면 승리한 인생이라고 생각했다고 한다.

시몬의 아버지는 '공포와 가스라이팅'을 이용해 자식들을 통제했다. 어린아이다운 정상적인 감정은 허용되지 않았다. 시몬이 뭔가에 대해 속상해할 때면 벌을 받았다. 아버지는 이렇게 말하곤 했다. "어서 울음을 그치지 않으면 눈물 펑펑 쏟게 될 줄 알아." 그는 어릴 때 겪은 학대를 무기 삼아 자식에 대한 정서학대와 방임을 정당화했다. 자기만큼 심하게 겪지 않았으니 불평하지 말아야 한다고 으름장을 놓았다.

어른이 된 시몬은 이 모든 경험을 극복하기 위해 노력하고 있다. 갈등 상황에 대한 불편함과 분노 문제를 해결하기 위해 상담 치료를 받고 있다. 그녀는 완벽한 세상에서는 사람들이 남의 기분에 둔감하고 타인의 생각이나 주장을 무용지물로 만들고 무시하는 일이 없도록 노력해 왔을 거라고 말했다.

그녀는 무엇보다 이해받고 있다는 느낌을 중시했다. 그녀는 이렇게 말했다. 어린 시절 아무에게도 이해받지 못하는 기분을 정말 많이 느꼈다고 말이다. 그녀가 진정으로 원하는 건 사람들이 솔직하고 자기의 말에 귀 기울여주는 것이다.

인간의 감정은 어떻게 발달할까

네이선의 사례와 마찬가지로 시몬의 이야기는 성인이 된 이후의 감정이 어떤 식으로 아동기의 경험과 성장에 뿌리내리고 있는지를 보여준다. 시몬은 어릴 때 부정적인 감정을 드러낼 수 없었다. 분노, 두려움, 슬픔을 내비치면 혼이 나거나 더한 벌을 받았다. 아버지의 이런 반응은 시몬을 겁에 질리게 했다. 어떤 감정을 표현해도 괜찮은지 어떤 감정을 표현해서는 안 되는지를 이런 식으로도 배울 수 있다.

여담이지만 나는 감정을 부정적인 것이나 긍정적인 것으로 분류하지 않으려고 많이 노력한다. 감정을 그렇게 양분할 수 있다고 보지 않는다. 인간의 감정은 배고픔이나 갈증 같은 생리적 상태와 마찬가지로 우리에게 세상에 대한 정보를 주는 느낌의 상태다. 그렇다고는 해도 시몬처럼 특정 감정이 매우 부정적으로 느껴질 수도 있다.

인간에게서 분노가 어떻게 발달하는지를 알아보려면 보다 일반적으로 접근해 인간의 감정이 어떻게 발달하는지를 알아봐야 한다. 이런 발달은 유아기에 시작된다. 유아의 감정은 지극히 단순하다. 세상에 갓 태어난 아기는 기본적으로 만족감과 불쾌감을 느낀다. 불쾌감은 신체적 욕구가 충족되지 않을 때 주로 나타난다.

아기들은 배가 고프거나 졸리거나 기저귀가 젖었거나 너무 덥거나 너무 추운 상황에 울음을 터뜨린다. 눈물과 울부짖음은 자신의 삶에 생긴 부정적인 일에 대한 불만이자 욕구를 충족하기 위한 메커니즘이다. 더불어 놀람 반응도 나타나지만 그 밖에 다른 표현 방식은 별로 없다. 의도적인 미소는 영아에게서 나타나는 감정 표현인데 이것조차 생후 한 달 정도 되어야 나타난다.

이런 기본적인 감정적 경험과 표현은 시간이 지나면서 한층 고차원적인 것으로 바뀐다. 신체적으로나 인지적으로 성숙하면서 새로운 걸 느끼고 새로운 방식으로 표현할 수 있게 된다. 신체 발달은 새로운 자극에 노출될 수 있다는 것을 의미한다. 시력 발달은 보호자의 얼굴이 더 잘 보여 보호자와 미소를 주고받을 수 있게 한다.

하지만 한편으로는 보호자가 곁을 떠나는 걸 볼 수 있어 슬픔을 느낄 일이 새롭게 생긴다는 의미이기도 하다. 걸음마를 배우면 흥분되고 신나는 기분이 들지만 계단이나 요리용 화덕처럼 두렵고도 새로운 위험에 노출되기도 한다. 우리는 신체적 성숙을 이용해 감정을 다른 방식으로 표현하기도 한다. 웃기, 주먹으로 때리기, 도망치기, 감정을 말로 표현하기 등으로 말이다.

지적 발달도 변화에 영향을 미친다. 태어날 땐 다른 사람이 우리를 평가하거나 판단할지도 모른다는 사실을 알지 못한다. 성숙하면서 다른 사람들은 자신과 분리된 독립적인 존재이며 품고 있는 동기가 자신과는 다르다는 사실을 알아차리기 시작한다. 이런 인식은 수치심, 부끄러움, 자부심 같은 새로운 감정을 불러일으킨다.

그런데 분노와 관련해서는 분노를 자극하는 요인이 어떻게, 왜 일어날 수 있는지를 더 세심히 이해해야 한다. 아기들은 단순히 뭔가를 원했는데 얻지 못했단 이유로 좌절감을 느낄 수 있다. 하지만 성장하면 원하는 걸 얻지 못한 이유를 이해하게 된다. 그런 이해는 분노를 달래는 데 도움이 될 때도 더 분노하게 만들 때도 있다.

분노를 표현하는 방식 차이는 부분적으로는 성장 과정을 통해 생긴다. 정서적으로 발달하면서 우리는 보호자가 느끼는 모든 감정을 지켜보며 모든 것에 대한 느낌을 알아낸다. 정서 발달 대부분은 기본적인 심리학 개념인 강화, 처벌, 모델링의 3가지로 설명된다.

놀라운 보보인형 실험 결과

강화와 처벌은 가장 기본적이면서도 잘못 이해될 때가 많은 심리학 개념 중 하나다. 우리는 예를 들면 '미안하지만' '감사합니다' 같은 정중한 표현 사용을 늘리려고 할 때 강화를 사용한다. 반면 남을 때리는 등의 행동을 줄이려고 할 땐 처벌을 사용한다. 아이가 '미안하지만'이라고 말한 걸 칭찬하면 긍정적인 강화를 사용한 것이다. 시몬의 아버지처럼 우는 아이를 꾸짖으면 처벌을 사용한 것이다. 이런 사례는 보상과 처벌을 의도적으로 사용한 경우로 감정과 관련해서 나타나는 경우가 상당하다. 하지만 행동 강화와 처벌 대다수는 비의도적이다. 의도치 않은 강화와 처벌은 정서발달 과정에서 꽤 자주 나타난다. 우리에게는 타고난 감정 표현 방식이 있으며, 그중 일부인 울음이나 놀람 반응은 출생 직후부터 나타나고, 미소 짓기는 차츰 나타난다.

이런 감정 표현들을 보호자가 강화하거나 처벌한다. 예를 들어 아이가 울면 어떤 부모는 너처럼 큰 애는 울면 안 된다고 말할 것이다. 반면 어떤 부모는 괜찮다고 마음껏 울어도 된다고 이야기할지 모른다. 이 두 아이는 눈물의 적절성에 관한 아주 다른 교훈을 배우게 된다. 첫 번째 아이는 울음에 대해 가벼운 꾸중으로 처벌받았고, 두 번째 아이는 가벼운 칭찬으로 강화됐다. 첫 번째 아이는 아마 다음번엔 눈물이 나는 걸 참으려고 애쓸 것이다. 반면 두 번째 아이는 눈물을 더 자주 쏟을 가능성이 크다.

그런데 이런 강화와 처벌이 보호자를 통해서만 일어나는 건 아니다. 아이들은 또래 친구들에게서도 이런 강화와 처벌을 받는다. 학교에서 두려워하는 모습을 보이면 같은 반 친구들에게 놀림받을 수도 있다. 하지만 극기심이 강하고 용감하고 심지어 공격인 모습까지 내비쳐도, 멋지고 강인하다는 칭찬을 들을지도 모른다. 분노와 관련해서는 강화와 처벌이 어떻게 나타날까? 아동기에 특정한 분노 표현에 대해 보상받거나 처벌받는 상황 몇 가지를 상상해보자.

아이들은 화가 날 때 위험이 따르거나 바람직하지 않아 보이는 말이나 행동으로 화를 분출하는 경우가 많다. 보호자는 대체로 아이가 화를 내면 재빨리 대응한다. 그래서 아이가 특정한 방식으로 화를 분출하면 보통은 즉시 혼이 난다. 예를 들면 다음과 같다.

- 형제자매에게 큰소리를 질러서 벌을 받는 것
- 분노가 가라앉을 때까지 방에서 못 나오는 벌을 받는 것
- 짜증이 난 나머지 욕설을 해서 호된 꾸지람을 듣는 것
- 심호흡을 하면서 화를 참았다고 칭찬을 듣는 것
- 인형을 때리며 화풀이하는 법을 배우고 그 행동을 칭찬받는 것

여기서 마지막 경우를 보자. 안타깝게도 부모와 심리학자들이 이렇게 가르치는 경우가 아주 흔하다. 아이들이 분노가 꽉 차올라서 자해하는 일이 없도록 안전하게 분노를 표출하는 법을 가르쳐야 한다는 발상에서 나온 방법이다. 하지만 이런 종류의 카타르시스는 분노와 공격성을 부추길 뿐이라는 증거가 아주 많다.

1950년대에는 행동주의라 불리는 학습 관점이 심리학의 지배적인 관점이었다. 당시 행동주의자들 대부분은 감정에는 전혀 관심이 없었다. 분노를 비롯한 인간의 감정은 관찰할 수 있는 대상이 아니어서 이들은 그런 감정이 유발하는 행동과 표현에 초점을 맞췄다. 그래서 분노에 대해 연구하고 논하는 대신 공격성에 대해 연구하고 논했다. 또 두려움 대신에 두려움과 가장 관련이 깊은 회피를 연구했다. 하지만 이런 접근 방식은 감정과 관련해서 아주 제한적인 영향을 미치는 데 불과했다.

그러다가 1961년 이런 사고방식을 전환하는 데 크게 이바지한 연구가 나왔다. 엄격한 행동주의자들은 행동이 오로지 보상과 처벌을 통해서만 학습된다고 주장한다. 의도적이든 그렇지 않든 우리는 공격성을 드러내면 그에 대한 보상을 얻으며, 그 결과 공격적으로 행동하는 법을 배운다. 보상과 처벌에 관해 이러한 편협한 관점에서 볼 때 예상치 못했던 사실이 발견됐다.

앨버트 반두라Dr. Albert Bandura는 보보인형 실험을 실시했다. 이 실험은 단순했다. 3~6세 사이의 아동 72명에게 보보인형을 주먹으로 때리는 어른 또는 보보인형과 다정하게 대화를 주고받는 어른 중 한 명을 보여줬다.

보보인형은 밑에 모래 같은 무거운 재료를 넣고 공기를 주입해서 만든 펀칭백이다. 어릿광대 같은 모양이며 아이들 키와 비슷한 높이고 주먹으로 치면 튀어 올라 오뚝이처럼 다시 우뚝 선다.

실험에 참가한 아이들은 어른이 보보인형과 상호작용하는 모습을 지켜본 뒤에 정해진 방에 들어가서 보보인형과 상호작용했다. 실험 결과는 이 글을 읽는 부모들에게는 전혀 놀랍지 않겠지만 학습에 대한 당시 심리학자들의 사고방식에는 혁명을 일으킬 만한 것이었다. 보보인형을 때리는 어른을 지켜봤던 집단의 아이들은 보보인형을 주먹으로 때렸다. 보보인형과 다정하게 상호작용하는 어른을 지켜봤던 아이들은 보보인형과 다정한 태도로 상호작용했다.

이런 결과는 여러모로 당연하게 느껴진다. 그러나 앞서 언급했듯 이 연구가 발표된 1961년 당시의 심리학은 지금과는 아주 다른 견지를 취했다. 당시에는 학습이 강화와 처벌을 통해서 이뤄진다고 생각했다. 타인의 행동을 보고 배운다는 발상, 오늘날 모델링으로 불리는 개념은 당시에는 아직 과학적으로 받아들여지지 않았다. 이 연구 결과는 대단히 기념비적인 것이어서 1960년대 미국 의회는 TV 방송의 폭력성에 어떤 잠재적인 영향이 있는지를 논의하면서 앨버트 반두라에게 여러 차례 증언을 요청하기도 했다.

이 실험 결과가 인간의 감정 전반과 분노라는 감정에는 구체적으로 어떻게 적용될까? 우리는 보호자가 감정을 경험하고 표현하는 방식을 보고 배운다. 보호자가 분노한 감정을 처리하기 위해 소리 지르고 고함치는 것을 본다면 아마 나중에 소리 지르고 고함치게 될 것이다. 보호자가 화나서 우는 모습을 본 아이는 화날 때 울음을 터뜨릴 가능성이 크다. 실제로 아이들이 보호자의 방식으로 감정을 경험하고 표현하는 경향이 있다는 사실은 정서발달의 근본 원리로 통용된다. 부모가 긍정적인 방식으로 긍정적인 감정을 표현하면 그 자녀도 긍정적인 방식으로 긍정적인 감정을 표현하는 경향이 있으며, 그 반대의 경우도 마찬가지다.

여기서 시몬의 사례를 떠올려보자. 시몬은 아버지를 지켜보면서 분노는 소리 지르며 겉으로 표출하는 것이라고 배웠지만 그런 식으로 분노를 표현하면 혼나거나 더 심한 벌을 받았다. 이런 상황은 그녀가 왜 화내고 싶어도 차 안에 있거나 혼자 있을 때처럼 안전한 상황에서만 화낼 수 있었는지를 이해하는 데 도움이 된다. 그녀는 뒤섞인 메시지를 전달받았기 때문에 감정을 표현하는 방식에 대한 갈등을 겪었다. 시몬의 사례와 내 아들의 사례를 소개할 때 설명했듯이 아이들은 기본적으로 보호자와 삶에서 중요한 다른 사람들을 지켜보면서 감정 표현을 배운다. 한 걸음 나아가 다른 사람의 분노를 알아차리고 모방할 뿐 아니라 다른 사람이 상황에 어떻게 반응하는지를 살펴보면서 그 상황에 어떻게 느껴야 할지를 결정한다. 이런 현상은 사회적 참조라고 불리며 그 작용 원리는 다음과 같다.

새로운 자극을 접했는데 어떻게 느껴야 할지 모를 때 우리는 신뢰할 수 있는 다른 사람을 보면서 그들의 감정을 확인한다. 보호자가 겁에 질린 것 같으면 겁을 먹는다. 화난 것 같으면 화를 낸다. 이런 행동은 나이가 들어도 계속된다. 감정에 대한 불확실성이 줄어들기 때문에 이런 일이 발생하는 빈도는 점차 줄겠지만, 여전히 이런 경우가 생긴다. 회사에서 자신이 확신할 수 없는 무언가에 대해 동료에게 의견을 내게 한 적이 있지 않은가? 신뢰할 수 있는 동료나 친구에게 의견을 물어본 적은 없는가?

시간이 흐르면 이렇게 축적된 경험을 바탕으로 어떤 상황에 분노해야 하는지를 알게 된다. 부모가 특정 사물이나 상황에 두려움을 표현하는 걸 보며 공포증이 생길 수 있는 것과 마찬가지로 부모가 특정 상황에 화내는 걸 보며 분노 반응이 발달할 수 있다. 또 우리가 존경하는 사람이 특정한 부당성에 관심을 두면 그런 유형의 부당함과 불공평함을 우선시하기 시작한다.

우리는 비슷한 사람을 모델링한다

흥미롭게도 아이들은 특정 감정에 대한 해당 문화의 표현 규칙을 이런 과정을 통해서 흔히 배운다. 표현 규칙이란 특정 문화나 집단에서 감정을 어떻게 표현하고 표현하지 말아야 하는지에 대한 비공식적인 규범을 뜻한다. 예를 들어 남자는 되도록 울지 말아야 한다는 건 대부분 문화권에서 널리 인정받는 규범이다. 비록 많은 사람이 공유하지만 이런 주장에 생물학적인 근거는 별로 없다. 이 주장은 문화적 기대에 뿌리를 둔다. 남자 아기와 여자 아기는 거의 같은 비율로 울지만, 남자 아기들은 보상, 처벌, 모델링을 통해 눈물을 보여서는 안 된다는 것을 차츰 학습한다. 특히 분노에는 아주 복잡한 표현 규칙이 있다. 누가 어떤 방식으로 화를 낼 수 있는지는 주로 문화·사회적 기대에 기초해 결정된다. 성별이나 인종, 나이 등의 다양한 요인에도 영향을 받는다. 예를 들어 다음 3가지 사실에 대해 생각해보자.

- 미국에서 흑인 남성은 다른 사례와 범죄 유형이 비슷하고 판사가 같을 때조차도 분노 조절 프로그램을 이수하라는 처벌을 받을 가능성이 더 크다.
- 분노를 겉으로 표출하는 여성은 같은 방식으로 분노를 표출하는 남성보다 덜 유능하다고 여겨진다.
- 분노를 드러낸 흑인 남녀는 똑같이 분노를 드러낸 백인에 비해 영향력이 적은 것으로 나타났다.

이를 종합하면, 서로 다른 두 사람이 똑같은 방식으로 분노를 표현할 수도 있겠지만 그것이 어떻게 인식되는지는 분노한 사람의 특성에 따라 크게 달라지기도 한다. 사람들에게서 분노의 감정이 발전하는 방식의 맥락에서 이것이 어떤 의미인지 살펴보자.

모든 건 앞서 설명한 강화, 처벌, 모델링의 3가지 요소로 귀결된다. 이는 분노에 대한 보상과 처벌이 사람마다 다르다는 매우 명확한 증거를 제시한다. 예를 들어 여성은 분노를 겉으로 표출하면 부정적인 평가와 더불어 처벌받는다. 하지만 남성은 보다 긍정적인 평가와 더불어 보상받는다. 이에 따라 여성은 부정적 평가를 피하려고 분노를 억누르지만 남성은 흔히 분노를 표출한 데 대한 보상을 받기 때문에 표면화할 가능성이 크다는 결론이 나온다.

이런 기대는 모델링에도 간접적인 영향을 미친다. 사람은 자신과 비슷한 사람의 행동을 모델링할 가능성이 더 크다. 남자아이는 아빠의 표현을 여자아이는 엄마의 표현을 모방하는 경향이 있다.

남성이 고함을 지르거나 신체적으로 공격성을 드러내는 방식으로 분노를 표출하는 경향이 있다는 말은 그들과 가까운 관계인 남자아이들이 그것을 보고 따라 할 가능성이 크다는 뜻이다. 그러다 보면 결국 성별에 따른 분노 표현 방식이 계속 이어져 나가게 된다.

감정은 끊임없이 자란다

이미 밝혀졌듯이 시몬은 정서발달 과정에서 온갖 어려움을 헤쳐나가야 했다. 그녀도 다른 사람과 마찬가지로 조건과 상황에 따라 달라지는 표현 규칙과 기대를 적용받았지만 이와 동시에 부모에게 적절한 표현 방식이 뒤섞인 메시지를 전달받았다. 이런 어려움 속에서도 그녀는 감정을 느끼고 표현하는 방법을 다시 배우려고 부단히 노력해왔다. 이런 노력을 '작업work'이라는 말로 표현했으며 어린 시절 경험을 통해 형성된 자신의 모습을 '해체하면서' 지난 십수 년의 세월을 보냈다고 말했다.

모든 사람이 시몬처럼 강한 의지력을 품고 노력하지는 않겠지만, 그녀의 이런 모습은 어른이 됐다고 정서발달이 멈추는 건 아니라는 중요한 사실을 알려준다. 인간의 감정은 상호작용, 모델링, 보상, 처벌의 경험이 쌓이면서 계속 변화한다. 청소년기에는 분노에 영향을 미치는 신체적인 성숙이 나타날 뿐 아니라 감정에 영향을 미치는 사회적인 측면에서도 성숙해진다.

청소년기의 전형적인 특징은 우리가 흔히 정서적 자율성이라고 부르는 성향으로, 이 시기 아이들은 정서적으로 부모에게서 차츰 단절된다. 정서적 욕구를 충족하기 위해 또래 친구들에게 더 많이 의지하기 시작한다. 이렇게 되면 부모가 분노의 해결책이 아닌 근원이 된다. 이런 현상은 정상적일 뿐 아니라 건강하다. 궁극적으로 정서적 이해력이 높고 건강한 사람이란 보호자나 친구의 도움 없이도 자신의 감정을 스스로 관리할 수 있는 사람을 의미한다.

더 나이 들면 부정적인 감정보다 긍정적인 감정 상태를 우선시하기 시작한다. 사회 정서적 선택성이라 불리는 이런 성향이 발달하면서 두려움, 분노, 슬픔과 같은 부정적인 감정을 용인하지 않으려는 마음이 커진다. 인생은 짧으며 나쁜 기분을 느끼며 너무 많은 시간을 보내는 건 가치 없다는 생각이 점점 뚜렷해진다.

특히 노년층은 편안함을 느끼는 활동에 집중해서 부정적인 기분을 피하려고 한다. 그들은 새로운 사람을 만나는 것보다는 친한 친구와 함께하는 걸 선호하고 힘들고 도전적인 목표보다 관계를 우선시한다. 분노를 자극할 만한 상황이나 사람을 피하는 경향도 있다. 가령 시사 문제를 다룬 기사는 읽지 않고 불만스러운 사람과의 관계는 피하기도 한다.

이러한 성향이 본질적으로 당사자에게 이롭거나 해로운 것은 아니다. 좋고 나쁨은 그에 따른 결과가 어떤지, 당사자에게 어떤 영향을 미치는지에 달렸다.

예를 들어 시사적인 뉴스 기사를 등한시하는 성향 때문에 주요 정보를 놓친다면 문제될 수 있다. 감정적으로 힘든 활동을 건너뛰는 것이 새로운 걸 배우고 가족과 시간을 보내는 등 마땅히 해야 할 건강한 활동을 하지 않는 것을 의미한다면 바뀌어야 할 수도 있다. 그러나 감정을 소모하는 사람과 상황을 무시하는 것이 부정적인 결과 없이 각자의 삶을 즐겁게 보내는 걸 의미한다면 이런 성향은 문제될 것이 없다.

누울 자리 보고 화를 낸다

우리는 보상과 처벌이 평생 계속된다는 사실을 가끔 잊는다. 그것들은 어릴 때만 일어나는 일이 아니다. 그러므로 감정 패턴은 심지어 노년기에도 발달하고 변화할 수 있다. 이런 패턴은 관계별로 고유하게 나타난다고 볼 수 있다. 부모와의 관계에서 감정을 표현하는 방식이 배우자나 자녀와의 관계에서의 표현 방식과 다를 수 있다. 이는 그런 상호작용이 얼마나 보상받거나 처벌받는 것처럼 느껴지는지와 연관이 있을 가능성이 크다.

분노를 대놓고 표출해도 안전하다고 느끼는 친구가 있다면 그 관계를 보람 있게 여길 것이다. 하지만 분노한 감정 표출을 부주의하고 수치스러운 행동으로 여기는 동료가 있다면 그런 감정 표출을 중단하거나 감정을 쏟아낼 새로운 사람을 찾을 것이다.

1장에서 소개한 이지의 사례를 보자. 이지는 아버지의 분노가 동료나 낯선 사람보다는 잘 아는 사람에게로 향하는 경우가 많다고 말했다. 내가 확실히 알 수는 없지만 아는 사람에게서는 회사에서 분노를 표현했을 때 받지 못했던 보상을 받았기 때문에 그렇게 행동한 것이라 생각된다.

만일 그가 이지에게 했던 것처럼 동료나 상사에게 심한 말을 하고 고함을 질렀다면 그에 따른 대가를 치러야 했을 것이다. 이지의 아버지는 다른 사람들 앞에서는 하지 못했던 방식으로 이지에게 분노를 표출하고 그에 대한 보상을 받았을지도 모른다. 그것이 이지에게는 가슴 아픈 상처였고 결국 그가 이 일로 죄책감을 느꼈을지 모르지만, 그 순간 그는 기분이 좋았고 그런 경험이 강화로 작용했을 것이다. 보상과 처벌은 미묘해서 한 걸음 물러서서 바라보지 않으면 알아차리기가 힘들다.

(TIP) 어디서 그런 성향이 생겼을까?

일상에서 자주 부딪치는 화를 잘 내는 사람을 다시 떠올리면서 다음 질문에 답해보자.

1 그 사람이 겪은 경험의 어떤 측면이 분노를 유발했을 수 있을까?

2 나이 들면서 그의 분노 표현 방식이 어떻게 변화했는가?

3 그의 분노 표현 방식이 모든 관계에 일관적인가? 몇몇 사람에게는 다르게 표출되는가?

4 당신과의 관계에서 그의 분노 표현 방식이 어떤 식으로 강화됐을까? 또 어떤 식으로 처벌받았을까?

성격 반 환경 반

시몬의 분노는 부모님, 그중에서도 특히 아버지와의 관계에서 직간접적으로 영향을 받았다. 그리고 알다시피 이런 경우도 종종 있다. 화를 잘 내는 성향은 DNA와 그때까지 쌓인 경험을 바탕으로 생겨난다. 그들은 화를 잘 내는 성향으로 분노가 쉽게 표출되게 만드는 양육환경에서 태어났을지도 모른다.

그런데 동시에 우리는 주변 사람들의 영향을 받기도 한다. 감정은 전염될 수 있으며 화를 잘 내는 모습은 복잡한 인생사나 타고난 성향 때문이 아니라 단순히 주변 사람들이 분노를 자극해서 나타날 수도 있다. 다음 장에서는 주변 환경의 영향을 받아서 어떤 식으로 분노할 수 있는지 알아볼 것이다.

주변에서 분노하면 당신도 끓어오른다

갑자기 화가 치밀어 오른 남자

2010년 5월, 한 단체가 흔히 '오바마케어'로 불리는 건강보험개혁법에 반대하기 위해 오하이오 주 콜럼버스에 모였다. 이 시위는 당시 미국 전역에서 벌어진 수많은 시위 중 하나였다. 몰지각한 행동을 하는 어떤 사람의 영상이 온라인상에 널리 퍼지지만 않았다면 그 자체로 주목받을 만한 행사는 아니었다.

그날 시위 참가자 중에 로버트 레처라는 남성이 있었다. 그는 '파킨슨병이 있습니까? 저는 있습니다. 그리고 당신에게도 생길지 모릅니다. 도와주셔서 감사합니다'라는 피켓을 들고 건강보험개혁법에 반대하는 시위대 앞에 앉아 있었다.

한 남자가 그에게 바짝 다가가 거들먹거리며 훈계했다. 지원금을 바라는 거라면 번지를 잘못 찾아왔고 여기 공짜가 없다고. 뭐든 노력해서 직접 구해야 한다고 말이다. 그러자 다른 남자가 찾아와 이렇게 말했다. "아뇨, 아니요. 이 친구에게는 내가 줄 겁니다. 자요, 여기요." 레처가 돈을 받지 않자 그는 레처 앞에 툭 던졌다. "시작해요." 그가 말했다. "내가 돈을 대줄 테니."

그러고 나서 등을 돌려 걸어가던 그는 뒤돌아보며 이렇게 고함쳤다. "돈을 언제 줄지는 내가 결정할 겁니다." 그는 지폐 한 장을 더 꺼내 레처를 향해 구겨 던지고는 목청을 더 높여 소리쳤다. "지원금은 이제 더는 없어!" 뒤에 모인 군중은 그의 공격성에 박수를 보냈다. 그를 공산주의자라 부르며 그런 행동을 부추기는 듯했다.

이는 두 남자가 다수의 군중 앞에서 노인 파킨슨병 환자를 조롱하는, 특히 문제가 되는 장면이다. 동영상은 순식간에 퍼져나갔고 그들 중 한 사람의 신원이 곧 밝혀졌다. 영상 속 남자로 지목된 크리스 레이커트는 처음에는 자기가 아니라고 부인했지만, 일주일쯤 지나자 레처에게 돈을 던진 사람이 자신임을 인정했다.

솔직히 말해서 나는 영상의 상황보다는 그가 상황에 대해 어떤 해명을 내놓을지에 더 관심이 있었다. 도발적이고 공격적이고 분노한 사람이 타인을 함부로 대하는 영상은 온라인에서 쉽게 찾아볼 수 있다. 하지만 보통 화내는 사람의 신원이 밝혀지지 않아서 어떤 경위로 그런 일이 일어났는지, 그들이 평소엔 어떻게 행동하고 어떤 가치관이 있는지는 알 수 없었다. 그런데 레이커트는 자신이 왜 그런 행동을 했는지를 직접 설명하고 나섰다.

"갑자기 화가 치밀어 올랐어요. 완전 뚜껑이 열린 거죠. 그것 말곤 달리 표현할 말이 없어요. 그 사람은 충분히 그런 행동을 할 권리가 있었고 제가 했던 행동은 아주 부끄러운 것이었습니다. 어떤 사람들은 제게도 그런 행동을 할 권리가 충분히 있다고 말할지 모르지만, 전 그날 이후 잠을 한숨도 못 잤어요." 그는 이렇게 덧붙였다. 난생처음 정치 집회에 참석했던 날이었는데, 앞으로 절대 정치 집회에는 나가지 않을 거라고 말이다.

이 사과가 진심에서 나왔는지 그저 이미지 손상을 최소화하려는 시도였는지는 긴 논의가 필요할 것이다. 그를 향한 대중의 분노는 엄청났고 나중 인터뷰에서 그는 자기 신변 안전에 대한 우려를 표명하기도 했다. 내가 추측하기로 그의 사과는 어느 정도는 진정성 있고 어느 정도는 피해 수습을 위한 것이 아니었나 싶다. 내가 특히 흥미롭다고 여긴 것은 이 정치 집회가 그의 분노를 불러일으켰다는 점을 그가 인식했다는 점이었다. 그의 답변은 분노가 전염될 수 있다는 순전한 진실을 인정한 것이었다.

서로 분노를 자극하는 사람들

사라는 2천석 규모의 공연시설에서 예술 감독으로 일한다. 거의 모든 공연시설과 마찬가지로 이 공연장도 2020년 3월에 코로나19의 유행으로 운영이 중단됐다. 사라와 직원들에게는 고통스러운 경험이었다. 사라가 내게 설명했듯이 그들은 공연장을 찾는 고객들에게 기쁨을 주고 싶어 그 일을 택했다. 사라와 그녀의 팀은 그 일을 아주 중요하게 여긴다. 그저 예술을 사랑해서가 아니라 예술이 지역사회에 어떤 가치가 있는지 알기 때문이다. 사라는 이렇게 말했다.

"우리 목표는 항상 관객들이 큰 즐거움을 느끼게 하는 거예요. 그래서 공연자와 관객들이 소통하는 시간을 많이 만들려고 노력해요. 무대에 오른 공연자와 소통하는 경험은 관객들의 행복감을 높이고 다른 관객들과 하나 된 느낌을 준다는 걸 알기 때문이죠. 공연장에 온 관객들의 심장박동이 일치된다는 연구 결과를 봤어요. 공연장에서 일어나는 일은 진정한 것이죠. 저희는 공연이 정말 특별하다고 여기는 사람들이고 그래서 이 업계에서 일하기 때문에 여기 오는 모든 관객이 매 공연에서 반드시 저희 같은 특별한 경험을 할 수 있도록 최선을 다하죠. 관객들이 진정 그 기분을 느낄 수 있게요."

라이브 공연을 코로나19 때문에 중단해야만 했을 때 그녀가 얼마나 큰 충격에 빠졌을지 쉽게 그려볼 수 있을 것이다. 사라는 직원들에게 이렇게 말했다. "이 위기를 넘겼을 때 얼마나 큰 기쁨과 축하를 경험할지 생각해봐요. 다시 관객을 받을 수 있을 때 우리는 기뻐하고 축하하기 위해 다시 모이게 될 거예요. 지역사회가 그런 경험을 얼마나 간절히 원하겠어요."

그들은 공연장 문을 닫은 지 정확히 16개월만인 2021년 9월에 다시 공연장 문을 열었지만, 기쁨이나 축하의 분위기가 감돌지는 않았다. 다른 많은 공연장처럼 이곳도 코로나19 확산 방지를 위해 관객이 반드시 마스크를 착용해야 했기 때문이다. 사라는 일부 관객이 화를 낼 수도 있다는 점을 염두에 두고 공연을 재개했다고 한다. 다른 공연장에서 고객들이 마스크 착용 요구를 잘 지키지 않는다는 소식을 이미 들었기 때문에 직원들을 미리 대비시켰다.

사라는 직원들에게 되도록 공격적인 말과 행동은 하지 않으면서 친절하게 마스크 착용을 요청하고 필요한 경우 마스크를 제공하며 같은 사람에게 반복해 주의를 주는 일은 없도록 지시했다. 마스크 착용을 거부하는 관객이 있으면 현장 관리자나 사라에게 보고하도록 했다. 공연 관리팀의 목표는 모든 사람에게 기분 좋고 친절하고 즐거운 경험을 제공하는 것이었다.

장기간 휴관 뒤 열린 첫 번째 공연은 2~5세 아동을 대상으로 한 가족 프로그램이었다. 벌써 공연장 입구에서부터 화내는 관객이 한두 명에서 그치진 않을 게 분명해 보였다고 사라가 말했다. "뭔가 마음에 안 든다며 환불 요청하는 고객이 있었어요. 공연장 안내 직원의 일 처리 방식을 문제 삼는 사람도 있었고요. 그런데… 제정신이 아닌 것처럼 화내는 사람도 있었어요. 세 살짜리 아이를 데려온 엄마였죠. 자원봉사자 코앞까지 얼굴을 들이밀면서 목이 터질 듯 고함을 질러댔어요. 연세가 일흔다섯이나 되는 여성 자원봉사자에게요. 그분이 아이에게 마스크를 줬다는 이유만으로 아이를 죽일 셈이냐고 소리쳤어요."

한편으로는 몇몇 관객을 보며 안타까운 마음이 들기도 했다. "아이에게 마스크를 씌우려 애를 쓰며 완전히 절망한 얼굴로 앉아 있는 엄마들도 보았어요. 그래서 저희 직원들은 다들 복잡한 감정을 느꼈죠. 그런 부모들에게는 큰 연민을 느꼈거든요. 벤치에 앉아 눈물 흘리던 엄마들의 모습이 아직도 생생해요. 다들 힘든 일 년 반의 시간을 보내고서 아이들에게 특별한 날을 선물해주려고 얼마나 애를 썼겠어요."

사라는 공연장으로 입장하는 관객들에게 방석을 나눠주려 공연장 바깥에 자리 잡고 서 있기로 했다. 입구는 입장권을 제시하는 관객들로 다소 혼잡했다. 그래서 그녀는 관객들이 입장권을 제시하는 곳으로 가기 전에 마스크를 써야 한다는 걸 친절하게 알려야겠다고 생각했다. 고객들은 티켓을 구매할 때 이 정보를 전달받았으며 공연장 참석 전에 재차 공지받았기 때문에 마스크 의무 착용 규정이 갑작스럽게 느껴질 리는 없었다.

"제가 그날 하려던 일은 관객들이 직원이 있는 곳으로 가기 전에 감정적 충격을 흡수하는 것이었어요." 사라가 말했다. 가장 기억에

남는 순간은 마스크를 쓰지 않은 어느 가족에게 마스크가 필요하면 입장 후 직원에게서 받을 수 있다고 친절하게 알려줬을 때였다. "여자가 남편을 쳐다보면서 '거봐, 내가 그랬잖아'라고 하니까 부인의 말을 들은 남편이 저한테 대놓고 말한 건 아니지만 들으라는 듯이 언성 높이면서 이렇게 말했어요. '그럼 주변 사람들을 위해서 꺼져버려!'"

사라는 문 앞으로 걸어가던 그 가족을 계속 응시했다. 그들의 분노가 너무 거침없었기 때문이었다. 그는 그런 소란을 피우면서 다른 사람들을 위한 일이었다고 했다. 그날 대처해야 했던 다른 사례들도 마찬가지였다. "사람들은 마치 연기를 하는 듯했어요. 그 사람들이 진심이 아니라거나 분노하지 않았다는 말은 아니에요. 그들은 자기 말이나 행동이 주변 사람들에게 잘 보이고 들리도록 애써 노력하고 있었어요. 사람들을 선동해 분노에 동참하게 하려고 일부러 더 과장해서 그러는 게 보이더라고요. 위험해 보였어요."

사라는 어느 자원봉사자가 그 남자에게 다가가는 것을 보고 가로막았다. 밖에 나가 잠시 얘기 나누자고 부탁했다. 다른 이유도 있지만 무엇보다 주변에 아이들이 너무 많았다고 했다. 그녀는 한편으로 그 남자는 집으로 돌아가고 아내와 아이들만 공연을 관람하러 들어가면 좋겠다는 생각도 했다. "그 남자도 결국 마스크는 착용했지만 처음엔 제게 나쁜 X라고 욕했어요. 그날 망할 X란 말도 여러 번 들었죠. 적어도 여덟 번에서 열 번은 들었을 거예요. 나쁜 X라는 욕은 딱 두 번 들었고요."

그날 사라는 결국 경찰까지 부르게 됐다고 한다. "그 사람은 저보란 듯이 마스크를 벗어 버리고는 직원들에게 손가락으로 욕을 날렸죠." 직원 여러 명이 사라를 찾아와 그가 걱정스럽다고 말했다. 경찰이 도착해 사라에게 어떻게 하는 것이 좋겠느냐고 물었을 때 사라는 이 공연장에는 저 사람의 아이를 포함해서 아이들이 가득한데 이런 상황에 저 사람을 진압해 끌고 가달라고 부탁하진 않을 거라고 말했다. 공연이 거의 끝나가고 있어서 그냥 넘어가려 했다.

공연이 끝난 뒤 관객들이 출연자와 만나 이야기 나누는 특별 행사가 준비되어 있었다. 그도 이 행사에 참석할 셈이었는지 공연장에 남아 있었다. 사라는 그에게 바깥에서 기다려 달라는 말을 해달라고 경찰에게 요청했다. 경찰은 그를 호위해 밖으로 데리고 나갔다.

그는 창문을 통해 사라와 다른 직원들을 쳐다보며 기다리게 됐는데 마치 동물원의 호랑이처럼 이리저리 위협적으로 활보했다고 한다. 사라는 그날 일정을 마치고 안전히 귀가할 수 있을지 염려돼 경찰들에게 주차장까지 경호해달라고 부탁해야 하느냐는 생각까지 들었다.

그런데 다행히 아무 탈 없이 잘 지나갔다고 했다. 그녀는 다음 공연에는 대응 방식을 바꿔야 할지 계속 그렇게 유지해야 할지를 직원들과 장시간 논의했다. 눈물도 많이 흘렸다. 사라는 그런 사람들은 수용하지 말고 전액 환불해줘야겠다는 생각이 계속 들었다고 한다. 마스크를 기어이 안 쓴다면 티켓 비용을 보상하지 않고 그냥 돌려보낼 수도 있었을 것이다.

그렇지만 그녀는 고객들의 관점에서 상황을 이해하는 놀라운 능력을 보여주며 이렇게 말했다. 어떻게 보면 그 사람들이 바라는 게 그렇게까지 불합리하지는 않은 것 같다고 말이다. 마스크 착용 규정이 있기는 했지만 지역의 다른 시설 모두가 엄격히 시행하지는 않았다. 많은 장소에서 마스크 의무 착용 규정을 뒀지만 철저히 시행하지는 않았다. 그래서 사라의 공연장을 찾은 관객들도 규정이 있음은 알지만 잘 지키지는 않았던 것으로 예상했을 터였다.

화난 사람들 곁에서 화난 사람

사라의 이야기는 여러 면에서 흥미로운 사례여서 이 책에서 앞으로도 종종 다시 다룰 것이다. 이 장의 내용과 관련해 가장 흥미로운 점은 사람들이 서로의 분노를 자극하려고 적극적으로 노력했다는 대목이다. 나는 10여 년 전, 학생들과 함께 바로 이 주제를 다룬 프로젝트를 진행한 적이 있다. 우리는 실험을 설계하고 특정한 감정적 상황을 묘사한 문장을 실험 참가자들에게 전달했다. 제시된 문장의 내용은 다음과 같았다.

특별한 날을 기념하려고 외식을 하러 나갔다. 식당 예약은 미리 해두었다. 그런데 식당 앞에 긴 줄이 있었다. 예약 시스템에 문제가 생긴 게 분명해 보였다. 바로 앞에 선 사람이 식당 직원과 이야기 나누는 걸 들어보니 예약 정보가 모두 사라졌다고 한다. 그는 식당 때문에 그날 저녁을 망치게 됐다며 누가 봐도 화난 모습 또는 슬픈 모습으로 돌아간다. 제시문은 본인의 차례가 되어 식당 직원에게 예약자 이름을 댔지만 예약 정보가 없다는 이야기를 듣는 것으로 끝난다.

우리는 참가자들에게 실제로 이런 일이 일어난다면 어떤 감정이 들지 알려달라고 요청했다. 예상대로 행복할 거라고 말한 사람은 없었으며 두려울 거라고 답한 사람도 거의 없었다. 재밌는 점은 얼마나 강렬한 슬픔이나 분노를 느낄지는 앞에 줄 선 사람이 얼마나 슬퍼했는지 화를 냈는지에 영향을 받았다는 것이다.

앞에 있던 사람이 화를 낸 상황에서는 더 많은 화를 냈고 앞사람이 슬퍼한 상황에서는 더 많이 슬퍼했다. 참가자들은 앞사람의 감정을 그 순간 자신이 어떻게 느껴야 할지를 판단하는 지표로 사용했다. 이는 앞 장에서 설명했던 사회적 참조의 변형으로 볼 수 있다. 우리는 의식적으로든 무의식적으로든 주변 반응을 살피면서 어떤 기분을 느껴야 하는지 확인한다.

사람이 화를 내는 데는 그럴 만한 이유가 있다. 그 이유를 진화의 역사에서 찾아볼 수 있다. 우리가 무리를 이루고 있을 땐 다른 사람들과 감정을 공유하고 그에 따라 행동하는 것이 유리하다. 인류의 조상은 이런 식으로 전염된 감정으로 이득을 얻었을 것이다. 주변 사람들이 겁을 먹으면 안전에 큰 위협이 닥쳤을 가능성이 있으므로 같이 겁을 먹고 긴장하는 편이 좋다. 감정은 도피하거나 맞서 싸우는 방식으로 우리를 보호하게 해주므로 주변 사람을 통해 얻는 감정적 신호는 생명을 구할 신호일지 모른다.

감정 전염은 공감 능력 향상, 회사에서의 번아웃을 비롯한 온갖 상황과 함께 널리 연구된 현상이다. 두 사람 간의 일대일 상호작용, 회사, 친구, 가족 등 소그룹 내에서의 소통, 군중 시위와 폭동 같은 대규모 사건과도 관련이 있다. 기본적으로 우리는 상대방이 미소 지으면 따라서 미소 짓게 되고 찡그리면 따라서 찡그리게 된다.

1998년, 심리학자 울프 딤베리Ulf Dimberg 와 모니카 툰베리Monika Thun-berg 는 실험 참가자들에게 행복해하는 얼굴과 화난 얼굴 사진을 보여 줬다. 사진을 보는 동안 참가자의 얼굴 근육이 어떤 식으로 움직이는 지를 측정함으로써 반응을 측정하는 실험을 진행했다. 연구팀은 참가자들의 특정 얼굴 근육에 전극을 부착했는데, 사진의 표정과 일치하는 얼굴 근육이 활성화된다는 사실을 확인했다. 행복해하는 얼굴은 실험 참가자들을 웃게 만들고 화난 얼굴은 찌푸리게 만들었다.

분위기가 우리에게 미치는 영향

심리학자 스탠리 샤흐터Stanley Schachter 와 제롬 싱어Jerome Singer 는 1962년에 매우 흥미로운 연구를 진행했다. 비타민이 시력에 미치는 영향을 연구한다고 속이고 실험 참가자들을 모집했다. 참가자들에게 주사를 놓았는데 절반에게는 에피네프린(아드레날린)을, 남은 절반에게는 플라세보를 주사했다.

그리고 참가자 모두에게 비타민 보충제를 놓았다고 설명했다. 논문에 나와 있듯 이들이 투여한 에피네프린 용량은 교감신경계에서 방출되는 에피네프렌을 거의 완벽히 모방한 것이었다.

참가자들은 주사에 대한 정보를 다음 3가지 중 한 가지로 전달받았다. 연구원들은 에피네프린에 대한 정확한 정보를 제공하거나, 아무 정보도 주지 않거나, 잘못된 정보를 제공했다. 그런 뒤 바람잡이 역할을 할 사람을 방에 들여보냈다. 바람잡이는 사실 연구팀의 일원이었지만 참가자로 가장했다. 참가자와 바람잡이는 시력검사를 받기 전에 20분 동안 대기하라는 지시를 받았다. 그동안 바람잡이가 분노하거나 희열에 찬 행동을 하게 해서 이 실험에 변수 하나를 추가했다.

희열을 가장한 상황에서는 바람잡이가 장난기 넘치는 태도로 즐거워했다. 종이에다 끄적이며 낙서를 하고, 쓰레기통을 골대 삼아 구겨진 종이를 던져 넣고 이를 함께 하자고 권했다. 종이비행기를 접고, 훌라후프를 하고, 다시 아이가 된 기분이라는 식의 말을 하기도 했다. 분노를 가장한 상황에서는 바람잡이와 다른 참가자가 설문조사에 응답하게 했다. 바람잡이는 이 상황을 기분 나빠하며 설문이 너무 길다고 툴툴거렸다. 일부 설문 문항에 대해서는 화를 냈다. 설문 문항 자체도 '어머니가 아버지 외에 몇 명의 남성과 혼외 관계를 맺었습니까?'처럼 분노를 자극하는 질문으로 구성했다.

정리하자면 이 실험에는 독립 변수 3가지가 있었다. 에피네프린 또는 플라세보, 주사에 대한 정보, 분노한 바람잡이 또는 희열에 찬 바람잡이가 그것이다. 실험에서 연구원들이 주목한 부분은 연구하는 동안 참가자들이 느낀 행복이나 분노였다. 참가자들이 느낀 감정은 그들의 행동과 실험을 마무리하면서 진행된 설문으로 진단했다.

개인적으로 가장 궁금했던 부분은 주사를 맞았지만 어떤 효과가 나타날지 몰랐던 집단의 결과였다. 나는 이 집단이 바람잡이의 감정을 가장 쉽게 받아들였을 것으로 예상했다. 실제 그런 결과가 나났다. 주사를 맞고 어떤 반응이 나타날지 듣지 못했거나 틀린 정보를 들었던 참가자들은 바람잡이가 행복해하면 함께 행복해했다. 분노하면 함께 분노했다. 희열에 찬 바람잡이와 함께 있었던 참가자들은 바람잡이의 활동에 동참했다. 심지어 바람잡이가 하지 않았던 활동까지 시도하며 즐거워했다. 게다가 자기 평가 항목에서 행복지수를 높게 표시했다. 반대 조건에서도 같은 결과가 나왔다. 반대 조건의 참가자들은 바람잡이에게 동화돼 분노했다.

이 연구 결과를 앞서 소개한 사람의 사례에 견주어 보려고 한다. 사라의 공연을 보러온 사람 중에 에피네프린 주사를 맞은 사람은 없었지만, 군중이 모인 혼잡한 공간에서 다소 높은 긴장감과 불안을 느꼈을 것이 틀림없다. 그날 관객 다수에게서 에피네프린 분출과 유사한 생리적 반응이 나타났을 것이며, 이는 그저 외출에 따른 긴장감으로 인한 것이다. 사람들은 그 사실을 인식했을까? 아니면 인식하지 못하고 마스크 착용 정책에 대한 불만 때문이라 여겼을까?

위 연구에서 실험 참가자들이 바람잡이의 분노를 감지했던 것과 마찬가지로 공연장에 있었던 사람들도 다른 관객들의 분노를 감지했던 걸까? 분노가 차오르거나 화내는 사람 주변에 있을 때, 주변에서 일어난 일에 주의를 기울여보자. 전혀 관련 없어 보여도 영향을 받았을 수 있기 때문이다.

마지막으로 이 연구에서 흥미롭지만 의외인 결과 한 가지를 짚어보자면, 주사의 효과에 대한 정보를 알지 못하거나 틀린 정보를 받은 참가자 중 일부는 그들이 경험한 생리적 상태가 주사 때문이라고 여긴 것이다. 그들은 설문에서 심장박동이 빨라진 이유가 주사 때문인 것 같다고 강력히 피력했다.

연구원들은 초기 실험 설정으로 돌아가 그들을 '스스로 알아낸' 집단으로 분류했다. 그들의 데이터를 나머지와 분리해서 주사의 영향을 인식했던 것이 어떤 영향을 주는지 확인했다. 분석해보니 이 집단은 나머지 참가자들보다 감정 변화가 적어서 우리가 어떤 감정을 느껴야 할지에 대한 정보를 주변 사람에게서 찾는다는 견해를 뒷받침하는 추가적인 증거가 됐다.

나도 모르게 타인의 감정을 모방한다

지금까지 살펴본 사례가 우리에게 어떤 의미가 있는지와 관련해 풀어나가야 할 숙제가 많다. 우선 사람은 자기 자신의 기분 상태를 포함해 주변 분위기에 영향을 받는다는 사실을 염두에 두자. 주변 환경은 모든 상황에서 생각, 감정, 행동에 영향을 미치는 요인이다. 배우자, 회사 동료, 친구, 자녀를 비롯한 모든 사람은 자기도 모르게 타인의 감정에 영향을 받으며 특정 순간에 우리가 느끼는 감정은 그들의 감정의 일부다.

우리가 주변 사람의 감정에만 알지 못하는 사이에 영향을 받는 것은 아니다. 우리가 영향을 받으면서도 잘 인식하지 못하는 몇 가지 요인이 여러 연구에서 밝혀졌다. 예를 들면 다음과 같다.

1. 빨간색은 사람 표정을 화난 것으로 인식할 가능성을 높이는 것으로 나타났다.
2. 온라인에서 사람들은 자신의 신원이 외부에 밝혀지지 않는다고 믿을 때 공격적으로 행동할 가능성이 컸다.
3. 불쾌감을 주는 외부 온도는 온라인에서의 혐오 발언 증가와 관련이 있다.

분노를 유발하는 모든 환경 요인을 알아두어야 한다는 뜻으로 이런 이야기를 하는 건 아니다. 관련된 모든 요인을 이해하는 것은 불가능한 일이다. 우리가 기억해 둘 점은 어떤 상황에서든 분노를 자극하는 환경적 요인이 있다는 사실을 이해해야 한다는 것이다. 감정 전염과 관련해 주목할 또 다른 사항은 분노한 사람이 주변 사람들의 기분에 영향을 미친다는 것이다. 그날 사라가 극장에서 목격하고 경험한 적대감은 단순히 분노가 어떻게 퍼질 수 있는지 뿐만 아니라 분노를 어떻게 의도적으로 퍼뜨릴 수 있는지를 보여주는 생생한 사례였다.

사라에게 들었던 가장 잊히지 않는 말은 분노한 사람의 행동이 '마치 연기하는 듯'했다는 표현이었다. 분노한 일부 관객은 다른 사람들의 짜증을 유발해 격한 분노를 불러일으키려고 의도적으로 나섰다. 그들은 다른 관객들도 화나게 만들고 그 상황을 이용해 자신들이 원하는 바를 이루려 했다. 감정 전염이 이들의 목적을 이룰 수단으로 사용된 것이다.

전염된 감정의 두 얼굴

사라와 이야기 나눈 후, 그날 그녀가 상대해야 했던 사람들이 단순히 분노한 사람들이었는지 아니면 분노한 폭도들이었던 건지 생각해보게 됐다. 그 둘 사이의 경계는 명확하지 않을 때도 많다. 사실 몇 년 전쯤《선과 악의 심리학》이라는 책의 군중 폭력에 관한 장을 집필한 사회심리학자 로리 로젠탈Dr. Lori Rosenthal과 이 질문에 대해 이야기 나눈 적이 있다. 나는 사람들이 언제 군중에서 폭도로 변하는지를 알아내려 했다. 사람들이 그냥 화났다는 것은 답이 되지 않는다. 스포츠 경기가 열리는 경기장에도 화난 군중이 있다. 평화로운 시위에서도 마찬가지다.

로젠탈이 내 질문의 답변을 찾는 데 도움을 주었다. 그녀는 이렇게 말했다. "폭도는 아주 독특한 부류의 군중이에요. 표현력이 강하지요. 이들이 모이는 일반적인 목적은 감정을 표출하는 것이죠. 군중은 긍정적인 방식으로 감정을 표현하기도 하지만 폭도는 부정적인 방식으로 감정을 표현해요. 함축적인 폭력성이 존재하죠… 그래서 폭력적인 행동에 나설 의도나 가능성이 있거나 실제로 폭력을 행사하지요. 폭도는 친사회적인 집단이 아니에요."

사라의 사례에서 그날 공연장에 온 사람들은 분노와 폭력성을 표출하려 모인 것이 아니었다. 그들은 공연을 관람하러 그곳을 찾았다. 그렇지만 그들이 사람을 대하는 방식, 서로를 부추긴 방식, 사라와 직원들이 누군가 폭력적인 행동을 저지를 가능성이 있다고 생각했다는 점은 그들에게 폭력적인 의도가 없다는 사실에 의문을 품게 만든다. 그들이 거기 도착한 뒤에 어떻게 느끼고 행동했는지가 중요하다.

로젠탈은 사라의 사례와도 관련 있어 보이는 흥미로운 말을 덧붙였다. "일반적으로 역사학에서 사회적 행동을 연구하면서 군중을 물리적으로 근접한 집단으로 정의해왔지만 저는 소셜미디어로 연결된 현대사회에서는 군중이 가상세계에도 존재할 수 있다고 생각해요."
온라인에 군중이 존재할 수 있다면 마찬가지로 폭도도 온라인에 존재할 수 있다.

2013년 남아프리카공화국행 비행기에 탑승하기 직전에 에이즈에 대한 모욕적인 농담을 트위터에 올린 저스틴 사코 이야기를 예로 들어보겠다. 당시 그녀의 트위터 팔로워는 200명도 채 안 됐지만, 언론 매체들이 그녀의 트위터 메시지에 주목했고 이를 공유하면서 그녀는 엄청난 트위터 폭풍의 중심이 됐다. 그녀는 비행기 안에 있던 11시간 동안은 트위터 접속이 끊겨 무슨 일이 벌어지고 있는지 전혀 알지 못했다. 사과할 수도, 트위터 메시지를 삭제할 수도 없었다.

그녀가 비행 중이던 당시 그녀의 공격적이고 인종차별적인 트위터 메시지에 대한 온라인 폭도가 형성됐다. 사람들은 그녀에게 무자비한 비난과 비방의 말을 퍼부었다. 어떤 사람들은 그녀를 해고해야 한다고 요구했다. 어떤 사람들은 그녀가 에이즈에 걸렸으면 좋겠다는 글을 남기기도 했다. 어떤 트위터 사용자는 폭도 집단이 형성됐다는 것을 인정하면서 애니메이션 〈심슨 가족〉에 나오는 횃불을 든 군중 장면을 트위터에 올리기도 했다.

그녀는 비행기에서 내린 뒤 트위터 메시지를 삭제하고 모든 SNS 계정을 삭제했다. 그리고 다음 날 사과문을 발표했다. 사건의 전 과정은 존 론슨Jon Ronson의 TED 강연 '온라인 셰이밍(소셜미디어에서 상대방을 공개적으로 모욕하는 행위)이 도를 넘을 때'에 잘 나와 있다.

분노를 표출하거나 남을 해치려는 의도로 온라인에 군중이 모이면 온라인 폭도가 된다. 분노는 온라인에서 흔한 감정에 그치지 않는다. 가장 전파력이 큰 감정이다. 사람들은 슬프고 무섭고 역겹고 기분 좋은 게시물보다 분노를 자극하는 게시물을 퍼뜨릴 가능성이 크다. 이러한 사실은 이미 몇몇 연구에서 밝혀졌다. 분노의 전염성은 모든 계층에서 감지된다.

한편 공연장 재개장에 관한 사라의 이야기에서는 감정 전염의 아주 따뜻하고 즐거운 측면을 볼 수 있다는 사실에도 주목하고 넘어갈 필요가 있다. 그녀가 말했던 관객의 심장박동이 일치된다는 연구 결과는 전염된 감정이 좋은 쪽으로도 작용할 수 있음을 보여주는 예다. 사람들이 공통된 목적을 위해 모이고 긍정적인 감정을 공유한다면 더 깊은 감동을 느낄 수 있다. 심지어 사람들 사이에 존재하는 장벽을 극복하는 데도 도움이 될지 모른다.

감정 해석으로 바뀌는 것들

샤흐터와 싱어의 연구는 감정 전염에 대한 많은 정보를 준다. 동시에 해석의 중요성에 대한 정보도 준다. 사람들은 생리적 자극의 원인을 모를 때 각자 타당하게 느낀 해석을 한다. 정확하든 부정확하든 모든 정보를 이용해 감정을 결정한다. 그들의 감정은 사람, 상황은 물론이고 그에 대한 해석으로부터 영향을 받는다.

　지금까지 분노한 사람들의 경험과 표현에 영향을 미치는 요인에 대해 논의했다. 하지만 가장 중요한 부분인 분노한 사람의 세계관에 대해서는 아직 언급하지 않았다. 그 어떤 요인보다도 어떤 사람이 화를 잘 낼지 아닐지를 가장 잘 예측해주는 요인이 바로 그 사람의 세계관이다. 세상을 어떻게 보는지, 타인을 어떻게 보는지, 눈앞의 상황을 어떻게 해석하는지가 가장 중요하다. 어떤 사람들은 습관적으로 또는 일관되게 화를 유발하는 방식으로 상황을 바라본다.

감정은 생각하는 쪽으로 흐른다

잘못된 판단이 불러온 재앙

누군가 화나거나 슬프거나 두려울 때 하는 말을 듣는 것만으로도 그 사람의 신념 체계에 대한 많은 것을 알아낼 수 있다. 고통스러운 순간에 특히 그 사람이 자신과 타인을 어떻게 바라보는지, 자신의 대처 능력을 어떻게 인식하는지 드러내는 말이 툭 튀어나올 때가 많다. 화가 난 사람은 이런 표현을 쓸지 모른다.

- 사람은 그저 …해야 돼.
- 그들이 그렇게 한 건 … 때문이야.

- …할 때마다 매번 이런 일이 일어난다니까.
- 이젠 다 틀렸군….

뛰어난 정신과 의사이자 다작한 저술가, 학자인 아론 벡Aaron Beck은 이런 표현을 자동적 사고라고 칭했다. 이런 사고가 자신과 타인을 바라보는 방식을 엿보는 창이 된다고 믿었다. 또한 대부분의 심리적 고통을 일으키는 원인을 이런 사고에서 찾을 수 있다고 보았다. 1986년에 그는 이렇게 말했다. '대부분의 심리적 문제는 삶에서 느낀 스트레스를 잘못 평가하고 잘못된 가정에 근거해 추론하고 문제를 키우는 자멸적 결론을 내린 데서 비롯된다.'

아론 벡이 심리학과 정신의학 분야에 얼마나 큰 영향력을 끼쳤는지는 말로 설명하기가 힘들 정도다. 그가 20권이 넘는 저서, 수많은 학술 논문, 공저, 다수의 심리검사 개발 등 활발한 활동을 펼쳤다는 건 기본적인 설명에 불과하다. 그는 정신건강을 이해하는 새로운 접근 방식을 개척했다.

그가 세상을 떠난 2021년 〈뉴욕타임스〉 기사에는 그의 연구 방법론에 대해 다음과 같이 보도됐다. '그의 방법론은 프로이트 분석에 대한 해결책이었다. 그는 불안과 우울증을 비롯된 정신장애를 치료하기 위해 생각을 관찰하는 접근법을 취했고 이런 방식은 정신의학을 변화시켰다.'

벡의 접근법에서 특히 흥미로운 대목은 그가 이런 접근법을 개발하게 된 배경이다. 그는 사실 정신역동을 전공했다. 정신분석가로 활동할 당시 프로이트 학설에 기초한 치료법을 사용했다. 이런 치료법은 꿈의 해석, 자유 연상법, 내담자의 무의식적인 욕망, 생각, 기억을 파악하는 데 주력한다. 그는 수년간 이런 방식으로 환자들을 치료하면서 과학적 엄밀성과 근거가 부족하다는 결론을 내렸다.

물론 그가 고안한 새로운 접근법은 정신역동 요법에서 출발했다. 그는 우울증 환자들이 자기 자신을 비하하는 말을 흔히 한다는 사실에 주목했다. "전 쓸모없는 인간이에요." "사람들은 저를 안 좋아해요." "저한테는 희망이 없어요." 그는 이런 부류의 생각을 자동적 사고라고 명명했다. 이러한 사고가 의식하지 못하는 사이에 감정과 행동에 영향을 미친다고 설명했다.

처음에 그는 주로 우울증 환자를 대상으로 한 치료와 연구에 집중했지만 나중엔 다른 유형의 정서적 고통에도 주목하기 시작했다. 1999년엔 분노, 적대감, 폭력에 관한 책을 썼다. 이 책에서 그는 분노한 사람들의 일반적인 사고 유형을 설명했다. 분노한 사람들은 자기중심성, 지나치게 일반화하는 경향, 일이나 상황이 어떤 식으로 진행되어야 하는지에 대한 강한 신념 등을 보인다. 그의 이론은 해당 분야에서 영향력이 상당하다. 이 장의 후반부에서 사람들의 사고 유형을 설명하면서 더 자세히 다룰 것이다.

"저보다 많이 안다고 생각하면 화가 나요"

에브라임은 뉴욕시 도서관 사서로 일하는 30세 남성이다. 그는 자신을 감정이 쉽게 폭발하는 이른바 화를 잘 내는 사람이라고 소개했다. 자신의 분노에 대해 확 뜨거워지고 때로는 난데없이 나타나며 금세 다 타버린다고 묘사했다. 그의 설명에 따르면 도서관 일을 좋아하지만 도서관 이용자들을 상대하다 보면 자주 답답함과 짜증을 느낀다.

그는 결혼을 약속한 연인과 함께 살고 있다. 약혼녀 앞에서 화를 낼 때가 가장 많다. 그래서 두 사람은 이 문제에 대해 꽤 자주 이야기 나눈다. 문제를 해결하려고 심리치료사에게 상담을 받아왔으며 분노 자체뿐 아니라 분노에 대해 그가 느낀 감정도 치료 과정에서 다뤘다.

"전 어릴 때부터 성질을 많이 냈어요. 그랬다는 걸 어른이 돼서야 깨달았고요. 생각해보면… 정말 대단했어요. 화를 무척 많이 냈고 그래서 아주 끔찍했죠." 그는 화가 치밀어 오를 때면 언성을 높이고 주변 사람들에게 고래고래 소리를 지르기도 한다고 했다. 그는 분노를 신체적 감각으로도 느낀다. 분노를 온몸으로 느낀다. 에브라임은 억눌린 감정이 갑자기 폭발하는 건 그런 긴장감을 해소하는 물리적 방법이라고 설명했다.

다만 계획적으로 그런 법은 절대 없다고 했다. 그가 긴장을 해소하려고 의도적으로 하는 행동은 아니었다. 그런 일은 그저 일어났다. 그는 약혼녀와 있을 때 그녀가 순간적으로 겁에 질리는 걸 보면 자신의 분노를 알아차린다고 했다. 약혼녀가 두려움에 움츠러든다는 걸 보면 그가 스스로 인지하지 못하는 방식으로 위협을 준 것이 틀림없다.

에브라임의 분노가 언제 폭발하는지를 살피면 어떤 생각이 분노를 유발하는지 상당 부분 유추할 수 있다. 그의 분노를 불러일으키는 주된 상황은 두 가지였다. 첫째, 오해받는 느낌이 들 때, 둘째, 방해받을 때. 그중 두 번째 유형은 분석이 더 쉽다.

그는 주의력결핍과잉 행동장애가 있다. 집중하려고 할 때 누군가 방해하면 기분이 나빠진다고 했다. 일터에서 자주 이런 일이 생긴다. 남을 돕는 일이 직업인 걸 생각하면 재밌는 현상임을 그도 인정했다. 그는 도서관 이용자들이 찾아와 도움을 요청하면 집중하던 일을 방해받는 것 같아 짜증이 난다고 했다.

그런데 첫 번째 유형인 오해받는 느낌은 여러 측면에서 한결 복잡한 심리적 경험이다. "상대방이 저보다 많이 안다고 생각하는 것 같으면 화가 나요. 순식간에 분노가 폭발하죠." 에브라임이 말했다. 상대방이 정말 그런지와 상관없이 일단 그런 것 같은 느낌이 들면 진짜 화가 나고 자기 말을 이해 못하는 것 같을 때도 화가 난다며, 그는 약혼녀와 주로 이런 경우가 생기지만 회사에서도 이런 일이 자주 생긴다고 했다.

울컥하는 이런 분노의 중심에는 가치를 인정받지 못했다는 느낌이 있다. 그는 누군가 자신을 방해하면 상대방이 자신의 시간, 목표, 진행 중인 업무를 소중히 생각하지 않는다고 느낀다. 상대방이 동의하지 않거나 심지어 확증 없이 그런 느낌만 들어도 자신의 지성과 능력을 가치 있게 생각하지 않는 것으로 받아들인다. 가치를 인정받으려는 지나친 욕구의 근원이 어디인지 혹시 아느냐고 그에게 물었다.

그러자 그는 웃으며 대답했다. "놀라시겠지만 어릴 때 제 어머니는 무조건 본인 말을 따르게 하셨어요. 저의 모든 행동, 말, 입는 옷, 기분까지… 일일이 간섭하고 통제하셨죠… 제 맘대로 뭔가를 하거나 제가 느끼고 싶은 대로 느끼는 건 허용되지 않았어요."

그는 자기 의견, 시간, 욕구 등 모든 것이 소중히 여겨지지 않는다고 생각하면서 자랐다. 어릴 때 느낀 분노의 상당 부분은 어머니를 향한 분노였다. 어머니와 서로 소리 지르며 싸우곤 했다고 그가 말했다. 그는 둘 다 많이 불안해하는 성격이고 그 때문에 상황이 더 안 좋았던 걸 지금은 안다.

에브라임은 이 문제를 해결하려고 치료받아왔으며 분노에 대처하는 자신만의 방법 몇 가지가 있다. 그는 건강한 의사소통에 중점을 뒀다. 분노가 밀려오면 할 말을 생각해서 정리할 시간이 필요하다는 걸 상대방에게 알리려고 애쓴다. 힘든 대화가 될 것 같으면 때로는 문자 메시지로 운을 뗀다. 그러면 약간의 시간이 생겨 생각을 가다듬고 대화에 임할 수 있다. 이런 전략은 어머니와의 관계를 개선하는 데 큰 도움이 됐다.

이는 그가 사람들에게 바라는 것과도 관련이 있다. 실제로 그는 나와 이야기 나누면서 사람들이 시간을 좀 줬으면 좋겠다고 말했다. 분노가 차오르는 게 느껴지면 즉시 대응하지 않고 감정을 더 자극하지 않으려 노력했다. 그런데 이렇게 뜸을 들이면 사람들은 그가 자신을 무시한다고 생각하기도 한다. 하지만 실제로는 그렇지 않다. 그는 감정을 가라앉히고 할 말을 정리하려는 것이다.

그는 상사와 논의해 도서관 이용자들을 상대할 때도 이런 전략을 적용했다. 고객들이 뭔가를 요청하면 곧바로 "네, 알겠습니다! 금방 도와 드릴게요"라고 대답부터 하는 방법이다. 그러면 고객들이 친근함을 느끼고 그가 곧 도와줄 거라는 걸 알고 기다리게 된다. 그동안 그는 마음을 가다듬고 하던 일을 적절한 곳에서 멈춘 뒤 고객에게 대응할 수 있다.

쉽게 분노하는 사람의 고정관념

에브라임의 이야기는 우리의 잠재된 세계관이 분노를 유발하는 자동적 사고로 이어질 수 있다는 걸 보여주는 흥미로운 사례다. 에브라임에게는 세상이 자신을 이해하지 못한다는 근본적인 믿음이 있는 것 같다. 그는 이런 근본적인 가치관으로 상황을 대하며 이런 가치관은 그가 매 순간 상호작용을 해석하는 방식에 영향을 미친다.

즉, 그가 하는 경험은 이런 믿음의 렌즈를 통해 해석된다. 정말로 에브라임이 그를 이해하지 못하는 사람들과 자주 맞닥뜨리는 것일

수도 있다. 여기서는 그의 세계관이나 다른 누군가의 세계관이 잘못
됐다고 말하려는 게 아니다. 그저 우리 안에 잠재된 세계관이 필터로
작용해서 우리가 하는 경험에 영향을 준다는 사실을 짚고 넘어가려
는 것이다.

백은 이런 세계관을 스키마라는 용어로 정의했다. 자기 자신에 대
한 스키마, 주변 세상에 대한 스키마, 미래에 대한 스키마로 구성된
'인지삼제cognitive triad'라는 개념도 제시했다. 백은 이 3가지를 개인의
신념 체계를 이루는 핵심 요소로 보았다.

예를 들면 우울한 사람의 세계관은 다음과 같을지 모른다.

- **자신** : 나는 무능하다. 나는 실패한 사람이다. 나는 무가치하다.
- **세계** : 사람들은 나를 안 좋아한다. 사람들은 모두 나보다 낫다.
  사람들은 내가 중요한 사람이라고 생각하지 않는다.
- **미래** : 미래는 절망적이다. 앞으로도 늘 지금과 같을 것이다. 아마
  도 상황이 더 나빠질 것이다.

한편 쉽게 분노하는 사람의 세계관은 예를 들면 다음과 같다.

- **자신** : 나는 뭔가를 누릴 자격이 있다. 내 욕구가 다른 사람의 욕
  구보다 더 중요하다.
- **세계** : 사람들은 내게 실망을 안길 것이다. 사람들은 나를 방해한

다. 세상은 불공정하고 불공평하다.

- **미래** : 미래는 절망적이다. 사람들이 계속 내 일을 망쳐놓을 것이다.

이 말은 우울한 사람과 분노한 사람은 똑같은 상황을 경험하면서도 완전히 다른 렌즈를 통해 상황을 바라보고 완전히 다른 감정적 반응을 나타낼 수 있다는 뜻이다. 이는 곧 문맥에 따른 섬세한 의미 차이를 잘 찾으면 상황이나 타인의 동기를 나쁘게 인식하지 않게 돼 결과적으로 분노를 줄이는 데 도움이 된다는 말이기도 하다.

시험에서 낙제점을 받은 두 학생이 있다고 가정하자. 세계관이 우울한 학생은 그 경험에 대해 '당연히 망칠 수밖에 없지. 난 머리가 안 좋고 선생님도 그걸 알고 있어. 아마 이번 학기에도 낙제점을 받을 거야'라고 생각할지 모른다. 그러나 분노한 학생은 원인을 외적 요인으로 돌려 아마 이렇게 생각할 것이다. '이 선생님은 도대체가 아무것도 몰라. 시험이 이렇게 편파적이고 제대로 가르쳐주지도 않으니 내가 시험을 망칠 수밖에 없지.'

흥미롭게도 둘 다 낙제할 것이라는 같은 결론에 도달하지만 이유는 완전히 다르다. 첫 번째 학생은 공부를 잘하는 데 필요한 자질이 부족해서 낙제할 것으로 생각한다. 반면 두 번째 학생은 선생님의 자질이 부족해서 낙제할 것으로 생각한다.

순식간에 화를 부르는 생각 3가지

화를 유발하거나 악화시키는 경향이 있는 자동적 사고에는 3가지가 있다. 바로 타인에 대한 높은 기대, 이분법적 사고, 재앙적 사고다.

☽ 타인에 대한 높은 기대

나는 소셜미디어에 아래 글을 게시하고 사람들에게 의견을 물었다.

> 당신은 지금 추월 차선인 좌측 차선에서 제한 속도를 초과해 달리고 있다. 차 몇 대를 추월한 뒤 적당한 기회가 생기면 오른쪽 차선으로 돌아갈 생각이다. 그런데 뒤차가 더 빨리 달리라고 으름장이라도 놓듯 범퍼에 바짝 붙어 따라온다. 드디어 차선을 바꿀 기회가 생겼는데 갑자기 뒤차가 오른쪽으로 차선을 바꾸더니, 자신이 원했던 속도보다 느리게 주행한 것에 대한 보복으로, 당신 차 바로 앞으로 위험하게 끼어든다.

이 글 밑에 만일 이런 일이 생긴다면 어떻게 대응하겠느냐는 질문을 올렸다. 사람들이 복수를 어떻게 인식하는지 알아보려는 의도였다. 아무 행동도 하지 않기, 경적 울리기, 그 차를 뒤따라가기 등 답안을 제시했다. 2천 명 이상의 사람들이 응답했고 대다수는 댓글 없이 제시된 답안 중 하나를 선택했다.

그런데 답안 선택을 거부한 사람도 상당히 많았다. 자신은 운전을 형편없이 하지 않을 거라는 게 이유였다. 그들은 더 빨리 달렸거나 기회가 있을 때 더 빨리 주행 차선으로 돌아갔거나 상대방이 끼어들지 못하게 더 일찍 조치했을 거라고 말했다.

분명히 해두자면 나는 예시 속 주인공이 책임감 있고 안전하게 운전했다고 생각한다. 하지만 그건 여기서 중요한 문제가 아니다. 흥미로웠던 건 상당히 많은 사람이 이 글의 명백한 가해자가 아니라 피해자를 비난하는 쪽으로 빠른 판단을 내렸다는 사실이다.

이들은 의도적으로 위험하게 끼어든 사람에게 분개하지 않았다. 오히려 너무 느리게 운전하고 주행 차선으로 더 빨리 돌아가지 않았다며 피해자에게 분개했다. 앞차 운전자가 보복운전을 당할 만했다고 직접적인 의견을 내비치진 않았지만 상당히 많은 사람이 잘못이 있는 쪽은 앞차 운전자라는 뜻을 넌지시 드러냈다.

나는 이 상황이 타인의 기대와 행동에 대한 불문율이 개인의 분노에 얼마나 중요한 역할을 하는지를 보여주는 대단히 흥미로운 예라고 생각한다. 사람들은 차를 어떻게 운전해야 하는지에 대한 나름의 견해를 가지고 있었다. 그런 견해는 대체로 교통 법규와는 일치하지 않았다. 사람들의 기대는 법규가 아니라 도로에서 어떻게 운전해야 마땅한지에 대한 각자의 생각에서 비롯된 것이었다.

사람들에겐 운전할 때의 행동 방식에 대한 비공식적 기준이 있었으며 이는 보편적인 규범과는 거리가 멀었다. 그리고 그들은 실제 법규를 위반한 사람이 아니라 불문율을 따르지 않은 사람에게 분개했다.

이것이 바로 쉽게 분노하는 성격의 한 가지 특징이다. 화를 잘 내는 사람에게는 어떻게 행동하고 느끼고 생각해야 마땅한지에 대한 비교적 엄격한 원칙이 있어서 누군가 거기서 벗어나면 화를 낸다. 그런 원칙에는 지나친 요구, 비난, 타인의 마음 읽기, 타인의 행동을 자기 취향에 맞추는 것까지 포함될 수 있다. 이들은 자신의 욕구를 타인의 욕구보다 우선시하고 사람들의 의도와 동기를 최악으로 가정하고 전혀 상관없는 곳에 책임을 돌리기도 한다.

에브라임의 경우 사람들이 자신에 대해 어떻게 생각할지 성급하게 결론 내리는 모습에서 이분법적 사고를 드러낸다. 그는 사람들이 자신을 어떻게 바라볼지를 추정했으며 그 추정이 그의 감정에 영향을 미쳤다. 사람들이 자신을 멍청하다고 생각하거나 자신보다 더 잘할 수 있다고 생각한다고 추정하면 화를 냈다. 그렇게 추측할 이유가 없다는 사실을 인정하면서도 증거 없이 성급한 결론을 내려 분노했다.

인지 치료 전문가들은 분노뿐 아니라 다른 정서적인 문제들에서도 이런 자동적 사고의 유형을 찾아내고 분류했다. 그중 분노와 관련된 사고 유형을 간단히 정리하면 다음과 같다. 나열된 사고 유형 중에 서로 겹치는 부분이 꽤 있다는 점을 참고로 알아두자.

- **원인을 엉뚱한 곳으로 돌리기 또는 비난하기** : 상황의 원인을 잘못 해석하거나 잘못 없는 사람에게 책임을 지우는 경우다. 이때 어떤

행동의 이유를 추측하기도 하고 엉뚱한 사람을 비난하기도 한다. "그가 그런 게 분명해. 왜냐하면…"이나 "보나 마나 일부러 그런 거야" 같은 표현에서 분노를 확인할 수 있다.

- **지나치게 요구하기** : 자신의 욕구를 타인의 욕구보다 앞세우는 경우다. 이들은 자신에게 필요한 것이 남들에게 필요한 것보다 중요하다고 판단한다. 가령 식당 직원이 자신이 원하는 것보다 느리게 대응하면 "저 직원이 지금 뭘 하는 중이든 당장 우리 부탁부터 들어줘야 해"와 같이 말할지 모른다.

- **타인에게 특정한 원칙 강요하기** : 과한 요구의 일종으로 사람은 특정 방식으로 행동해야 마땅하다는 엄격한 믿음을 품고 있는 경우다. 이런 원칙에는 '죄송하지만'이나 '감사합니다' 같은 예의 바른 표현을 사용해야 한다, 약속에 늦어서는 안 된다 등이 있고, 이는 다른 사람들의 원칙과 때로는 일치하고 때로는 일치하지 않는다. 이들은 누군가 이런 원칙을 어기면 특히 화를 낸다. 위에 예로 든 운전자의 사례는 타인에게 특정한 행동 의무를 강요하는 사람의 좋은 예다. 한편 자신에게 특정 원칙을 강요하는 경우도 있다. 예를 들어 매일 운동해야 한다, 이 일을 모두 끝내야 한다 등을 비롯해서 자신에게 특정 원칙을 강요하는 사람들은 스스로 실망하고 슬퍼할 가능성이 크다.

실제로 분노 프로젝트(www.alltheragescience.com)의 자료에 따르면 자기 자신에게 분노할 가능성이 큰 사람이 전체의 41퍼센트에 이른다고 한다.

- **변화된 행동을 기대하기** : 자신의 필요를 충족하기 위해 타인의 행동이 바뀌기를 기대하는 경우다. 이들은 회사 동료, 친구, 가족이 자신을 위해서 행동을 수정해줄 것을 기대한다. 상대방이 자신이 기대한 방식으로 바뀌지 않으면 화를 낸다.

- **성급한 결론 내리기** : 화를 잘 내는 사람들은 상대방의 입장에 대한 충분한 근거 없이 부정적으로 추정하는 경우가 많다. 그렇게 추정할 정당한 근거가 없는데도 상대방이 나쁜 의도를 품었다고 생각할 때도 있다. 예를 들어 상사가 면담 요청을 하면 업무를 더 맡기려고 그럴 거라고 성급히 판단할지 모른다.

- **개인적인 문제로 국한하기** : 자신과 관련이 없는 문제를 자신과 관련된 문제로 받아들이는 경우다. 이들은 기본적으로 모든 걸 개인적으로 받아들이고 사람들이 자신을 염두에 두고 그 일을 벌였다고 생각한다. 쉽게 분노하는 사람은 누군가의 행동을 악의나 복수심에서 비롯됐다고 판단할지 모른다. 예를 들면 이렇게 생각한다. '이건 전부 나한테 복수하려고 벌인 일이야.'

✨ 이분법적 사고

얼마 전 미국의 총기 폭력에 대한 개인적인 견해 때문에 소셜미디어에서 분노의 표적이 된 적이 있다. 나는 미국의 총기 규제 강화를 공개적으로 강력히 지지하며 이에 대해 자주 언급하는 편이다.

그럴 때 흥미로운 현상이 나타나는데 이는 분노한 사람들 사이에 흔히 나타나는 특정한 사고 유형을 잘 보여준다. 충분히 예상할 수 있듯이 총기 소유 지지자들은 내가 '총기 금지'를 희망한다고 나를 공격하면서 "과연 나한테서 총을 뺏을 수 있을지 두고 보라지", "총을 금지하면 범죄자들만 소지하게 될 거야", "그렇다면 총기보다 사람 목숨을 더 많이 뺏어가는 자동차도 금지하지 그래?" 같이 말한다.

이건 아주 기이한 반응이다. 나는 결코 모든 총기 사용을 금해야 한다고 주장하지 않았으며 총기 몰수에 대해 언급한 적도 없기 때문이다. 그들은 '총기 규제'라는 말을 모든 총기를 금지하고 몰수하는 것으로 해석한다. 총기 규제는 총기 잠금장치 의무화, 추가 교육 의무화를 포함한 다양한 의미로 쓰일 수 있는데도 말이다. 그들은 결국 실제 주장이 아니라 그들이 생각하는 개념에 반응한 것이다. 이런 식의 사고는 분노한 사람이 흔히 보여주는 이분법적 사고의 일종이다.

이분법적 사고는 어떤 대상을 전부 좋거나 전부 나쁜 것으로 분류하는 경향이다. 이런 사고방식을 가진 사람은 상황이나 개념을 특정 방식으로 분류하고 규정하며 상황적인 맥락과 의미는 고려하지 않는다.

예컨대 내가 글을 쓰는 지금 이 순간 밖에는 비가 내리고 있고 앞으로도 몇 시간 더 내릴 것으로 보인다. 비가 오면 나중에 조깅하러 나갈 때 운동 시간을 망치게 되고 아이들이 밖에서 놀지 못하게 되기 때문에 이 상황을 기분 나쁘고 실망스럽다고 규정할 수도 있다. 하지만 이런 결론은 지역 농부들의 농작물은 물론이고 우리 정원의 풀과 나무에 절실히 필요한 물을 비가 공급해 준다는 사실을 간과한 것이다. 비는 본질적으로 나쁘지 않다. 비는 그저 일어난 현상일 뿐이며 삶과 사회에 긍정적인 영향도 부정적인 영향도 미친다.

이분법적 사고는 사람을 묘사할 때도 나타난다. 분노한 사람은 인간을 복잡한 욕구와 동기를 가진 존재로 인식하는 대신 잔혹하고 멍청하고 부정직하다는 낙인을 찍어 분류할지 모른다. 그런 낙인은 사람들의 행동을 해석하는 렌즈가 된다.

부정직하다고 분류한 사람이 자기 행동에 대한 해명을 내놓으면 그 말을 거짓말로 받아들인다. 멍청하다고 분류한 사람이 해결책을 제시하면 그 의견을 무시한다. 이분법적 사고의 범주에는 다양한 유형이 있지만 여기서는 그중에서 분노한 사람들에게 나타날 수 있는 사고와 그런 사고가 분노를 유발하는 예 몇 가지를 살펴보겠다.

- **지나친 일반화** : 한 가지 경험을 훨씬 큰 패턴으로 확대하는 경우다. 이런 경향이 있는 사람은 어떤 일이 일어나면 이를 항상 일어나는 일처럼 묘사한다. 예를 들면 아이가 깜박하고 숙제를 안 했

을 때 화난 부모는 "얘는 왜 항상 이 모양이지?"라거나 "얘는 책임감이 전혀 없어"라고 말할지도 모른다.

- **선동적인 낙인** : 사람이나 상황에 아주 부정적이거나 무정한 낙인을 찍어 분류하는 경우다. 이들은 상황을 완전히 끔찍하거나 비참한 것으로 묘사하고 사람들을 순전한 바보, 멍청이, 무가치한 존재로 묘사한다. 이렇게 되면 인간이 생각보다 훨씬 복잡한 존재이며 특정 순간에 특정 행동을 하는 동기도 마찬가지로 복잡하다는 사실을 간과하게 된다.

- **공정성에 대한 다른 잣대** : 이분법적인 사고를 하는 사람도 공정성을 기준으로 결과를 평가할 때가 있지만 이들이 공정성을 보는 방식은 다른 사람들과 다르다. 이들은 다른 사람들이 동의하지 않는 데 부당함을 느끼기 때문에 분노한다. 어떤 남편은 '내가 저녁을 준비했으니 아내가 청소기를 돌려야 공평하지'라고 생각했는데 아내가 같은 생각이 아닌 걸 알고 화를 낼 수 있다.

- **의견을 사실로 간주하기** : 사람들은 때로 본인의 의견을 사실로 오해한다. 즉 자신이 어떤 것을 특정한 방식으로 느끼면 다른 사람도 똑같이 느껴야 한다고 생각한다. 이를테면 의견을 기정사실로 간주하고 이를 다른 사람들이 받아들이지 않으면 분노한다.

우리 아들이 아홉 살 때 팟캐스트를 듣다가 자기가 정말 좋아했던 영화를 헐뜯는 비평가의 말에 크게 분노한 적이 있다. 아들은 그 영화를 아주 좋아했기 때문에 다른 사람이 좋아하지 않는다는 것을 믿을 수가 없었다. 의견을 사실로 생각하게 되면 이를 다른 사람들이 인식하지 못했다고 생각할 때 분노가 생긴다.

재앙적 사고

우리는 맞닥뜨린 상황이나 경험을 판단할 때 보통 두 단계의 과정을 거쳐 이해하고 평가한다. 처음에는 원인 자체를 판단한다. 분노한 경우 감정을 자극한 사람이나 상황을 살피면서 그게 본인에게 어떤 의미인지를 결정한다.

앞서 논의한 여러 유형의 사고가 작용하는 단계가 바로 이 단계다. 여기서 우리는 누가 무엇을 했으며 왜 그랬는지, 그것이 나쁜 일이었는지 좋은 일이었는지, 우리에게 어떤 영향을 미치는지 등을 판단한다. 이런 과정을 일차 평가라고 부른다.

이 작업이 끝나면 상황이 얼마나 나쁜지, 대처할 수 있는지를 가늠한다. 이 과정이 이차 평가로 화가 날 것인지와 얼마나 많이 분노하게 될지에 아주 중요하게 작용한다. 어떤 사람이 나쁜 행동을 했더라도 우리에게 미치는 영향이 미미하면 별로 화가 안 날지 모른다.

가령 커피숍에서 주문하려고 줄을 섰는데 누군가 앞에 슬쩍 끼어들었다. 그때 이렇게 생각할 수도 있다. '저 사람이 새치기했고 그건 무례한 행동이지만 지금 내가 시간이 급하지 않으니 괜찮아.' 이때 상대방의 행동이 부당하고 무례하다는 생각에 약간 화가 날 수도 있지만 삶에 미치는 영향이 거의 없으므로 크게 분노하지는 않는다. 그런데 만일 내가 '이러다 지각하겠네'라는 생각이 들거나 '이 사람이 하나 남은 도넛을 사 갈 텐데'라는 생각이 들면 훨씬 화가 날 것이다. 이처럼 결과에 대한 해석이 분노에 영향을 미친다.

우리 주변에 있는 화를 잘 내는 사람은 아마 상황을 비극적으로 생각하는 경향이 있을 것이다. 에브라임은 도서관 고객들이 말을 걸거나 부탁을 하면 업무에 큰 방해가 된다고 느껴서 그런 상황을 특히 불만족스럽고 짜증스럽게 여겼다.

그런데 흥미롭게도 그는 그에게 도움을 요청하는 고객들에게는 아무런 잘못이 없다는 사실을 인지하고 있었다. 사람들을 돕는 것은 그의 업무였다. 그래서 일차 평가 자체만으로 짜증이나 분노가 나타난 것은 아니었다. 그는 사람들이 잘못한 거라고는 해석하지 않았다. 그렇지만 상황에 대처하는 그의 능력을 평가하는 이차 평가에서 분노가 촉발됐다. ADHD를 갖고 있어 일에 집중하기가 힘들었기 때문에 사람들에게 방해받는 상황은 그에게 심각한 지장을 주었다.

이런 식으로 분노한 사람들의 몇 가지 사고 유형이 있다. 그런데 그 유형을 알아보기 전에 인생을 살다 보면 정말로 끔찍하고 재앙적인 상황이 생길 수도 있다는 점을 짚고 넘어가고 싶다. 나는 우리가 때로는 정말로 부정적인 결과를 경험하기도 한다는 사실을 축소하거나 감출 마음은 없다. 오히려 그 반대다. 여기서 쟁점은 분노한 사람들에게 상황을 지나치게 과장하는 경향이 있다는 것이지 대단히 나쁜 일을 겪어 분노하고 부정적인 감정이 들기도 한다는 사실 자체를 부정하려는 것이 아니다.

- **최악의 상황 가정하기** : 이는 분노한 사람에게 나타나는 가장 두드러진 경향이며 재앙적 사고의 넓은 범주에서 상당히 큰 부분을 차지한다. 화를 잘 내는 사람들은 사건의 결과를 대단히 부정적으로 해석함으로써 부정적인 사건을 부풀리는 경향이 있다. 이들은 새로운 어떤 경험이 평생 겪었던 일 중 최악이라고 보거나 그날 하루, 그 주, 직업 경력 전체를 망칠 것이라고 결정해버린다. 예컨대 회사 동료가 해야 할 어떤 일을 깜빡해 완수하지 못했을 때 "이젠 한참 뒤처지게 생겼어. 오늘 하루 다 망쳤네"라고 말할지 모른다.

- **감정적으로 추론하기** : 감정적 추론에 빠지면 자신의 감정이 주어진 상황에 대한 진실을 드러내는 것이라고 믿기 시작한다. 예를 들어 분노가 느껴지는 것은 필시 상황이 정말로 나쁘거나 불공평하거나 부당하다는 뜻이라고 생각한다. 이들에겐 벌어진 일을 다른 식으로 해석할 수도 있다는 사실이 눈에 들어오지 않는다.

- **긍정적인 측면을 차단하거나 무시하기** : 부정적인 결과를 두둔하느라 삶에서 찾을 수 있는 긍정적인 결과를 인식하지 못하는 경우다. 이들은 나쁜 결과만 주목하고 긍정적인 경험은 걸러낸다. 화를 잘 내는 사람은 그날 일 중 잘 안 풀렸던 사건에만 온통 관심을 기울이며 엉망인 하루를 보냈다고 생각한다. 그날 잘 풀렸던 경험이나 즐거웠던 기억은 알아차리지 못한다.

정리하자면 성격적으로 화를 잘 내는 사람들은 위에서 설명한 3가지 범주, 즉 타인에 대한 높은 기대, 이분법적 사고, 재앙적 사고에 해당하는 생각을 할 가능성이 매우 크다.

그들은 왜 극단적으로 생각할까?

이런 사고 유형이 슬픔과 두려움, 분노와 연관됐다는 건 슬쩍 보기만 해도 알 수 있다. 최악의 상황을 상상하는 사람은 그들이 처한 안 좋은 상황을 마음속에서 훨씬 나쁘게 상상하는 경향이 있어서 더 크게 분노한다. 또 지나치게 일반화하는 사람은 특정 상황을 일정한 유형으로 확대해서 받아들이는 경향이 있어서 더 크게 좌절한다.

배우자가 야근을 하게 돼서 저녁에 계획했던 일을 망치게 됐을 때 '늘 이런 식이라니까'라고 생각한다. 긍정적인 측면을 무시하는 것, 지나친 요구를 강요하는 것, 선동적인 낙인을 찍어 분류하는 것 등을 생각하면 이런 사고 유형이 분노와 공격성을 초래하는 것도 직관적으로 이해가 된다.

실제 이런 현상은 연구로도 확인됐다. 이런 사고 유형을 다룬 연구들에서 분노, 슬픔, 두려움과의 연관성을 일관되게 보고해왔다. 이런 사고 유형을 띤 사람들은 화를 낼 가능성이 높을 뿐만 아니라 위험하거나 해로운 방식으로 분노를 표출하는 경향이 있었다.

연구 결과는 치료와 자조의 노력에도 중요한 의미가 있다. 이 연구 결과 치료 효과가 가장 큰 부분이 바로 이런 유형의 사고임을 알게 됐기 때문이다. 벡의 이론을 계승한 후속 연구들은 사고 유형을 바꾸는 게 쉽게 분노하는 사람들에게 가장 도움되는 방법이라는 사실을 재차 확인했다. 분노를 유발하는 생각을 더 발전적이고 융통성 있는 생각으로 바꾸면 화가 덜 나고 분노를 한결 건강한 방식으로 표출하게 된다.

그런데 나는 사람들이 이런 생각을 어디서 배우고 발전시키는지를 알아보는 것도 대단히 흥미로운 주제라고 생각한다. 왜 어떤 사람들은 애초에 이런 유형의 사고에 끌리는 걸까?

에브라임은 사람들에게 오해받고 가치를 인정받지 못한다는 기분이 맨 처음 어디서 나왔는지를 이야기하면서 이에 관한 아주 중요한 말을 했다. 그는 어릴 때 자신의 어머니가 일일이 간섭하고 통제하며 자신을 키웠고 어린 시절 내내 자신의 감정과 생각을 존중받지 못하는 기분이 들었다고 했다. 그는 인생을 살면서 제대로 이해받지 못하는 기분을 아주 많이 느꼈으며 그로 인해 끊임없이 좌절감을 느꼈다.

인간의 사고방식은 감정 성향과 비슷한 원리로 발달할 가능성이 크다. 우리는 부모가 칭찬하거나 꾸짖어서 특정 사고방식을 부추기거나 저지할 때, 보상과 처벌을 통해 일부 사고 성향을 습득한다. 시험을 망친 아이가 부모에게 "내 잘못이 아니야. 선생님이 안 가르쳐줬단 말이야"라고 말했을 때, 부모가 그 말에 동의하고 지지해주면 보상으로 작용한다. 반대로 비난을 다른 데로 돌린다고 아이를 혼내면 이런 반응은 처벌로 작용해서 아이가 그와는 다르게 생각하도록 이끈다. 또는 상황에 대한 다른 사고방식을 알려줄 수도 있다.

그렇기는 해도 세계관이 발달하는 과정의 상당 부분은 모델링으로 진행된다. 우리는 부모가 말로 표현한 생각을 통해 그들이 사물과 상황을 어떻게 생각하는지를 듣고 배운다. 부모 중 한 사람이 "이것 좀 봐, 이 멍청아", "항상 이 모양이라니까", "오늘 하루를 완전히 망쳤네" 같은 말을 하면 아이는 이런 판단과 사고 유형을 받아들인다. 낙인찍고 지나치게 일반화하고 최악의 상황을 상상한다. 그렇게 하는 것을 보고 배웠기 때문이다.

그런데 어린아이에게 부모의 영향력이 가장 클지는 모르지만, 아이에게 영향을 미치는 사람은 그 밖에도 있다. 세계관은 인간의 여러 감정과 마찬가지로 형제자매, 친구, 교사와의 상호작용, 우리가 관심을 두는 유명 인사나 지도자의 언행을 통해서도 형성된다.

분노한 사람이 원하는 것

사람들과 어떻게 하면 잘 소통할 수 있겠느냐는 질문에 에브라임은 아주 중요하고 흥미로운 대답을 제시했다. "제게 시간을 주는 것이요." 그는 사람들에게 각고의 노력을 기울여 달라고 부탁하거나 그를 위해 그들 자신의 감정을 무시해달라고 부탁하지 않았다. 그저 그가 대응하기 전에 생각과 감정을 추스를 수 있도록 약간의 시간과 여유를 허용해달라고 부탁했다. 그는 남들보다 변화에 대처하기까지 시간이 더 필요한데 사람들이 그걸 알고 기회를 주길 바랐다.

에브라임과 대화를 나눠보니 그는 우리가 접하는 대부분 사람보다 예민하고 이해력과 분별력이 있는 사람이라는 느낌이 들었다. 또 그에게는 화를 잘 내는 사람들에게서는 쉽게 찾아보기 힘든 사려 깊은 마음이 있었다. 그는 자신의 분노가 다른 사람들에게 미칠 영향을 염려했다. 특히 약혼자 걱정을 많이 했다. 우리가 삶에서 만나는 분노한 사람들에게서는 대체로 그런 종류의 사려 깊은 배려를 기대하기 힘들며 그들에게 효과적으로 대처하기 위해 많은 노력이 필요할지 모른다.

주변에 있는 화를 잘 내는 사람을 다시 떠올려보자. 그 사람이 아주 크게 화냈던 때를 기억해 보고 그의 표현에 주목하자. 그가 했던 말 중에 어떤 말에 그의 생각이 담겨 있었는가?

1 위에 설명한 생각의 범주를 고려할 때 그에게서 나타난 생각의 유형은 어떤 것인가?

2 그 생각이 세상을 바라보는 더 넓은 세계관을 어떤 식으로 반영할까?

3 당신이 아는 범위 내에서 그들의 발달 과정에서 어떤 측면이 그 세계관에 영향을 미쳤거나 직접적인 원인으로 작용했을까?

2부

분노한 사람에게
휘둘리지 않는
10가지 방법

01

복수하고 싶은 충동을 내려놓는다

사과만이 유일한 탈출구 같은 상황

최근 내 친구가 분노와 관련해서 시댁 식구와 아주 불쾌했던 상황을 이야기해준 적이 있다. 그 친구의 가족들은 건강과 관련된 복잡한 문제로 어려운 결정을 내려야만 했다. 친구의 시아버지는 어떻게 하는 게 좋겠냐고 물었다. 그녀는 시아버지가 좋아하지는 않으리라는 걸 알면서도 솔직한 생각을 이야기했다. 시아버지가 그토록 크게 역정을 내리라고는 예상하지 못했다.

시아버지는 노발대발했다. 친구에게 이메일을 보내서 엄청난 분노와 반감을 쏟아냈다. 가족을 아끼는 마음이 진심인지 의심스럽다면서 그런 말을 할 권리가 없다고 말했다. 그저 부탁받은 대로 의견을 냈을 뿐이라고 그녀가 설명하려 하자 두 번째 이메일로 다시 분노를 표출했는데 이번에는 훨씬 더 공격적이었다. 친구는 그 이메일에 응답하지 않기로 마음먹었고 그 뒤로는 시아버지에게 연락하지 않았다.

이 얘기를 전해 들을 당시 시아버지는 그녀와의 연락을 아예 끊어버렸고, 남편과는 가끔 연락을 주고받았지만 남편에게도 아주 차갑게 대했다. 그녀는 마음의 상처를 입었고 이 일이 가족에게 어떤 영향을 줄지 두려워했다. 그런 감정을 느끼는 것에 더해 남편에게 정말 화가 났다. 시아버지가 의견을 물었고 그저 대답했을 뿐이었다.

"내 생각을 알고 싶은 게 아니었다면, 물어보지 말았어야지." 그녀가 말했다. "시아버지는 내 의견을 듣고 싶으셨던 게 아니야. 당신이 옳은 일을 하고 있다고 말해주기를 바라셨던 거지." 돌이켜보면 그때 아무 말도 하지 말 걸 그랬다는 생각이 자꾸 든다. 시아버지가 생각하는 대로 결정하시라고 말하고 넘어갔으면 얼마나 좋았을까 싶기도 하다. 지금 그녀는 진심으로 미안하지도 않은 일에 대해 사과하는 것만이 유일한 탈출구로 느껴지는 끔찍한 상황에 놓여있다.

상황을 겪으면서 마음속 깊이 있던 감정이 표면으로 드러났고 헛된 시도인 줄 알면서도 시아버지에게 하고 싶은 말을 해버렸다. 그녀는 몹시 화가 났고 화났을 때 흔히 그러듯 분노를 왈칵 쏟아내고 싶었다. 하지만 그 상황에서 하고 싶은 말이나 행동을 하는 건 결과에 도움이 되지 않는다는 걸 알고 있었다. 그녀가 정말 원했던 건 남편이나 시아버지와의 관계를 유지하는 것이었기 때문이다. 감정적인 순간에 잠시 멈출 방법을 찾는 것은 분노한 사람에게 효과적으로 대응하는 방법 중 하나다.

원하는 것 vs. 해야 하는 것

누군가 화를 낼 때 우리가 할 수 있는 가장 좋은 방법 중 한 가지는 그 상황에서 우리가 목표하는 바가 무엇인지 알아내는 것이다. 즉, 어떤 결과를 원하며 어떻게 해야 그런 결과를 얻을 수 있을지를 생각하는 것이다. 이 방법은 길에서 시비가 붙었을 때처럼 비교적 짧은 순간의 상호작용에도, 위에서 설명한 사례처럼 가족, 친구, 동료와의 복잡한 상호작용에도 적용할 수 있다. 대응하기 전에 잠시 멈춰 상황을 평가하고 원하는 결과에 도달할 방법을 결정한다.

어떤 상황에서 우리가 원하는 결과는 여러 가지일 수 있다. 예를 들어 친구가 연 파티에 참석하지 않기로 해서 친구가 화가 났다고 하자. 안 간다고 말했을 때 친구가 이해한다면서 괜찮다고 했지만 다른 친구에게서 그 친구가 당신을 욕했다는 사실을 나중에 알게 됐다. 이 상황에서 관계 특성에 따라 당신이 원하는 결과는 달라질 수 있다. 예를 들면 다음과 같다.

- 친구의 화가 풀리는 것
- 친구가 당신을 나쁘게 소문내는 걸 중단하는 것
- 친구 관계를 끊는 것
- 파티에 가지 않은 것에 대한 죄책감을 덜어내는 것
- 당신에 대한 평판이 나빠지지 않게 지키는 것
- 친구에게 앙갚음하는 것

각각의 목표를 이루려면 각기 다른 방식으로 대응해야 할 것이다. 때로는 원하는 목표가 두 가지 이상이어서 대응 방식이 더 복잡해지기도 한다. 이럴 땐 잠시 멈춰서 자신이 기대하는 결과가 무엇인지를 생각하기가 아주 힘들 수도 있다. 이런 상황에서는 감정이 격해져 명확한 사고를 하기가 힘들다.

또 우리가 원하는 것이 희망하는 결과에 이르기 위해 해야 하는 것과 다를지 모른다. 우리는 목표에 치중하기보다 상대방에게 앙갚음하는 데 치중하는 경우가 많다. 그래서 한 발 멈춰서 전략적으로 행동하지 못하고 복수라는 본능적인 반응을 따른다. 그런데 이런 본능에는 이유가 있다. 감정과 관련된 많은 작용이 그렇듯 이런 본능은 인간의 DNA 깊숙이 뿌리내려 있다.

복수라는 본능

소셜미디어에 분노에 관한 내용을 게시했을 때, 어떤 사람이 화난 사람과 대면했을 때 반응하지 않고 넘어가기가 얼마나 힘든 일인지를 통찰력 있는 댓글로 남겨주었다. 그런 상황에서 그냥 지나치면 무력해진 기분이 들기 때문에 본능적으로 반응하는 것이 바람직하지 않다는 걸 알면서도 결국 맞서 화를 내게 된다는 내용이었다.

이 내용은 자체만으로도 흥미로웠지만 이 댓글에 동의하는 사람이 정말 많았다는 사실도 못지않게 흥미로웠다. 감정이 격해졌을 때 올바른 선택을 내리지 못하는 원인 중 하나는 맞서 싸우지 않는다면 상대방에게 이용당하는 기분이 들기 때문이라는 데 많은 사람이 공감했다.

그렇다면 앙갚음하려는 욕구는 왜 이렇게 강력한 걸까? 복수의 어떤 측면이 목표를 거스르는 행동을 하게 만드는 걸까? 바로 이 문제를 탐색한 연구가 2004년에 진행됐다. 이 연구는 복수할 때 뇌에서 어떤 일이 일어나는지를 살폈다.

연구팀은 익명으로 일대일 대항 게임을 하는 참가자들의 뇌를 스캔해서 영상을 살폈다. 이 게임에는 상금이 걸렸으며 게임에 참가한 두 사람이 정직하게 협력하면 둘 다 이익을 얻는 구조였다. 그러나 한쪽 참가자가 상대방을 이용하면 더 많은 이익을 얻을 수 있었다. 다시 말해 부정직하게 상대방 참가자를 속이고 싶으면 충분히 그럴 수 있었고 그렇게 하면 더 많은 돈을 벌 수 있었다.

이 실험에서 상대방에게 이용당한 사람은 나중에 복수할 기회를 얻었다. 이용당했다는 것을 알려주고 진행 중인 게임에서 점수를 빼앗는 방식으로 상대방을 벌줄 것인지를 1분 이내에 결정해야 했다. 연구원들은 참가자들이 마음을 결정하는 그 1분 동안 뇌의 활동을 PET(양전자방출단층촬영Positron Emission Tomography 의 약자로 추적자를 체내에 투여한 뒤 스캔해서 추적자의 활동을 포착하는 검사) 스캔으로 조사했다.

이를 통해 잘못한 사람을 벌할 때 등쪽 선조체라고 불리는 뇌 구조가 활성화된다는 사실을 발견했다. 등쪽 선조체는 보상에 대한 반응에 아주 중요한 역할을 하는 부분이어서 이 연구 논문의 저자들은 "등쪽 선조체가 활성화됐다는 것은 기대된 만족감이 나타났다는 뜻이다"라고 주장했다. 다시 말해 그들은 벌주려는 욕구를 당연하다고 여겼을 뿐 아니라 그런 감정을 즐겼다. 벌주는 행위는 그들에게 기쁨을 주었다.

연구 결과는 분노한 순간에 앙갚음하지 않고 지나치기가 얼마나 어려운지를 잘 보여준다. 복수에 대한 우리의 욕구는 매우 강하다. 등쪽 선조체에 관한 한 연구에서는 등쪽 선조체가 중독성 행동의 발달과 관련이 있다는 사실이 밝혀졌다. 복수에 중독성이 있다고 말하는 건 비약이겠지만 이런 결과는 복수에 대한 욕구가 때에 따라 아주 강력해질 수 있음을 보여준다.

상대방에게 앙갚음하면 보상받은 것 같은 기분이 든다. 다른 감정 경험과 마찬가지로 복수는 진화의 역사에 뿌리를 두고 있을 가능성이 크다. 조상들로서는 누군가 기분을 언짢게 하거나 잘못된 행동을 하면 응수하는 것이 최선이었다. 이는 자원을 갈취하거나 해를 가할지 모르는 사람에게 건드리지 말라는 명확한 메시지를 보내는 행동이었다. 오늘날 우리가 복수에서 기쁨을 느끼는 이유는 우리 조상들이 복수할 때 느낀 좋은 기분 때문에 상대방에게 앙갚음했고 그렇게 복수했던 사람이 생존할 가능성이 더 컸기 때문이다.

그렇지만 복수를 하면 당장은 기분이 좋을지 몰라도 나중엔 보통 기분이 나빠진다는 사실도 잘 알려져 있다. 복수한 뒤에는 대체로 부정적인 감정에서 헤어 나오기가 힘들다. 부정적인 감정은 계속 상황을 반추하게 한다. 2008년에 이 부분을 상세하게 조사한 연구가 있었다. 이 연구에서도 실험 참가자들에게 게임을 시켰다. 하지만 이 연구에서는 참가자로 위장한 가짜 참가자들을 참가자들 사이에 끼워 넣었다. 가짜 참가자들은 진짜 참가자들을 배반해 화가 나고 복수하고 싶은 기분이 들게 만들었다. 진짜 참가자들의 절반에게는 복수기회가 있었고 나머지 절반에게는 기회가 돌아가지 않았다. 실험이 끝난 후 참가자들은 설문조사로 자신의 감정을 평가했다.

여기서 아주 흥미로운 결과 두 가지가 밝혀졌다. 첫째, 복수의 기회가 없었던 집단은 기회가 있었으면 정말 좋았을 것이라고 답했다. 이 답변은 위에서 언급했던 복수에 대한 욕구를 보여주는 것으로 사람들은 복수할 기회를 얻지 못했다는 데 실망했다. 두 번째 결과가 놀랍고 중요하다. 실험에서 복수할 기회를 얻지 못한 집단은 복수의 기회를 얻었던 집단보다 행복감을 느꼈다. 이들은 다른 집단보다 자신들이 더 행복한 상태라는 사실을 모른 채로 만일 복수의 기회가 있었다면 더 기분이 좋았으리라고 생각했다. 이 결과는 누군가 부당한 행동으로 심기를 건드리더라도 곧바로 응수하고 싶은 충동을 참는 것이 이롭다는 사실을 보여준다.

복수를 품기 쉬운 3가지 상황 대처법

깊이 생각해서 바람직한 목표를 추구하기보다 상대방에게 복수하려는 생각을 품게 되는 몇 가지 사례를 살펴보려고 한다. 각 상황에서 어떻게 복수를 피할 수 있을지 생각해보자.

⚡ 온라인에서

당신의 친구가 소셜미디어에 정치에 관한 게시물을 작성했는데 당신이 거기 댓글을 달았다고 상상해보자. 갑자기 전혀 만난 적 없는 사람이 당신의 댓글에 분노하며 공격적이고 모욕적인 대댓글을 올렸다. 아마 거의 모든 사람이 이런 상황을 한두 번은 겪은 경험이 있어서 굳이 상상할 필요 없이 각자 경험을 떠올리면 될지도 모르겠다. 실제로 분노 프로젝트의 자료에 따르면 조사 대상자의 23퍼센트는 한 달에 한 번 이상 온라인에서 다른 사람과 논쟁을 벌이는 것으로 나타났다. 논쟁이 오가는 순간에는 상대방에게 맞서 모욕을 앙갚음하고 싶어진다. 하지만 이럴 때 잠시 감정을 가라앉히고 이 상황에서 자신이 원하는 목표가 무엇인지를 깊이 생각한다면 완전히 다른 행동 방침을 따르게 될 것이다.

예를 들어 자신이 원하는 것이 복수는 아니라고 결정할지 모른다. 상대방을 모욕하거나 상대방이 틀렸음을 입증하는 것을 바라지는 않는다고 결정지을 수도 있다. 진짜 원하는 것은 글을 읽는 모든 사람에게 당신이 주장하는 바의 맥락을 읽게 하는 것일지 모른다. 그러면 완전히 다른 논조로 접근해서 적대적인 논조가 아니라 독자들의 공감을 유도하는 긍정적인 논조로 글을 쓰게 될 것이다.

어쩌면 글을 처음 게시한 친구와 좋은 관계를 유지하는 것이 중요하다고 결정지을 수도 있다. 그럼 공격적인 대댓글을 남겼던 사람이 당신의 친구와 친한 사이일 수도 있으니 그를 공격하거나 모욕해서는 안 된다. 이럴 땐 아예 대응하지 않는 것이 친구와의 관계를 유지하기 위한 최선일지 모른다.

사무실에서

당신이 실수를 저지르는 바람에 사무실 동료가 추가근무를 하게 됐고 짜증이 나 있다고 상상해보자. 그는 긴 시간 동안 얼마나 고생했는지 아느냐는 내용이 담긴 아주 냉담하고 적의에 찬 이메일을 보내왔다. 당신은 당연히 방어적인 입장을 취하게 되고 약간 화가 나기도 한다. 이런 상황에서는 똑같이 적대적으로 응수하는 것이 본능적인 반응이라고 흔히들 말한다. 이런 반응은 방어적인 태도에서 기인했을 가능성이 크다. 사람들은 실수를 인정하거나 사과하기보다는 "내가 실수한 건 알지만…"이라거나 "…가 …하지만 않았어도 이런 일은 안 일어났을 텐데…"라며 원인을 다른 사람에게 돌리려고 한다.

누군가 화를 낼 때 방어적 태도를 취하는 건 당연하며 이해할 만하다. 오히려 그런 상황에서자신을 방어하려 들지 않는 것이 이상할지 모른다. 인간 본성을 거스르는 것이기 때문이다. 그렇다고는 해도 상황에 성공적으로 대처하려면 목표 파악이 아주 중요하다. 이런 상황에서는 맥락 역시 중요하다. 상대방이 상사이거나 내 경력이나 승진을 방해할 수 있는 사람인지 등 여러 복잡한 관계가 작용한다.

결국 현명하게 대처하려면 자신이 얻고자 하는 목표를 깊이 생각해야 한다. 관계를 회복하고 싶은가? 자신이 초래한 문제를 해결하고 싶은가? 적대적 태도로 소통해서는 안 된다는 것을 알리고 싶은가? 아니면 이 모든 것을 원하는가? 잠시 멈추고 원하는 목표를 생각해 결정하는 것이 주어진 상황을 성공적으로 헤쳐 나가는 데 꼭 필요하다는 사실을 다시 확인하게 된다.

집에서

복수하고 싶은 마음이 특히 복잡하게 작용하는 상황으로 부모 자식

관계가 있다. 자녀를 어떤 식으로 양육해왔는지를 설명하면서 복수라는 표현을 입에 담는 부모는 없겠지만, 부모가 체벌에 대해 이야기하는 걸 들으면 교육적 동기나 발달적 측면을 고려한 대응이라기보다 복수처럼 들리는 해명을 듣게 될 때가 많다.

부모들과 이야기 나누다가 그런 벌을 받아 마땅하다거나 심지어 벌을 자초했다는 말을 아무렇지도 않게 하는 걸 종종 듣는다. 나아가 어릴 때 '맞을 짓을 해서' 부모에게 매를 맞았다는 이야기도 여러 사람에게서 들었다. 이런 사고방식은 부모들이 원하는 목표, 아이의 문제행동을 수정하는 데는 도움이 안 된다. 가령 어느 아이가 형제자매에게 화가 나서 어린아이들이 흔히 그러듯 형제를 때리면서 분노를 표출했다고 하자. 이럴 때 부모는 보통 혼내거나 벌주거나 심지어 매질하는 등의 방법을 동원한다. 이에 대한 근거로 정의와 복수의 개념을 든다. 〈소아과학저널〉에 발표된 2017년 연구에 따르면 체벌은 효과가 없을 뿐 아니라 부모들이 막으려고 애쓰는 많은 결과를 초래한다는 사실이 명백히 밝혀졌는데도 말이다.

부모들은 이럴 때 잠시 멈춰 자신이 원하는 결과가 무엇인지 생각해야 한다. 그 순간에 진정으로 어떤 결과를 얻고 싶은가? 일반적으로 이런 상황에서의 바람직한 결과는 아이가 분노를 표출할 방법을 찾도록 도와주는 것이다. 그런 결과를 얻으려면 꾸짖고 벌주는 것과는 완전히 다른 방식으로 접근해야 한다. 즉, 본보기를 보이고 믿고 지지해주고 다양한 상황에 맞춰서 유연하게 대응하는 전략을 가르

처야 한다.

우선 건강한 분노 표현의 본보기를 보이는 것에서부터 시작한다. 자녀가 화가 났을 때 사용했으면 하는 어조로 자녀와 대화한다. 왜 화가 났는지, 이에 어떻게 대처할 수 있을지 생각해보도록 격려한다. 그 순간에 자녀가 느낀 기분에 공감하면서 심호흡, 혼자만의 시간 갖기, 결연한 태도로 임하기처럼 그런 감정을 다스리는 방법도 함께 알려준다. 자녀가 분노를 더 건강하고 적절한 방법으로 표현하도록 이끄는 것이 목표라면 부모는 자녀의 목표 달성에 도움되는 방향으로 대응해야 마땅하다.

건강하게 분노를 표출하는 3단계

이 과정은 크게 3단계로 나눌 수 있다. ① 잠시 멈추고 ② 생각을 정리해서 달성하려는 목표가 무엇인지 알아보고 ③ 목표를 달성할 방법을 결정하는 것으로 말이다.

⚘ 1단계 : 감정적인 순간에 잠시 멈추기

목표를 파악할 때 가장 어려운 부분은 목표를 확인하기 위한 시간을 내는 것이다. 그러려면 반사적으로 부적절하게 대응하는 데서 벗어나 상황을 숙고하고 그 상황에서 원하는 바를 깊이 생각할 시간을 가져야 한다. 상대방이 화를 낼 때 너무 성급히 맞대응하면 돌아오기 힘든 길로 접어들 수 있다. 그럴 땐 잠시 멈출 방법을 찾도록 한다. 이에 대해서는 다음 장 전체를 할애해 다룰 예정이다.

우선 여기서는 잠시 멈출 방법을 찾는 데 도움이 될 몇 가지 조언을 제시하려고 한다. 첫째, 잠시 멈추기를 인생의 중요한 전략으로 여기고 의도적으로 계획하고 실천해야 한다는 걸 알아둔다. 맞받아치는 것보다 침묵하는 것이 훨씬 어렵기 때문에 미리 준비하지 않으면 안 된다. 둘째, 깊이 숨을 들이쉬고 내쉬거나 운동 후에 가벼운 스트레칭을 할 때처럼 어깨를 흔들면서 천천히 셋을 세는 습관을 들이자.

✦ 2단계 : 진정으로 원하는 목표 떠올리기

잠시 시간을 내 마음을 가다듬었으면 이 상황의 이상적인 결과가 무엇일지 생각해보자. 자신을 포함한 관련 당사자들이 어떤 결과에 이르기를 바라는가? 무엇이 합리적인지, 그 상황에서 상대방이 '마땅히' 받아들여야 할 결과인지에 대해서는 아직 고민하지 않아도 된다. 그런 문제를 고려하는 건 이 시점에 방해만 될 뿐이다. 자신이 원하는 결과를 고민하고 그 문제에만 집중하자.

✦ 3단계 : 결과에 도달하는 최선의 방법 찾기

마지막으로 목표를 달성할 가장 좋은 방법이 무엇인지 생각해본다. 앞서 소개한 내 친구의 사례에서 친구가 남편과 시아버지와의 관계를 유지하고 싶다고 결정했을 때, 다음 단계는 이 목표를 이룰 최선의 방법을 찾는 것이다. 화를 낸 사람과 좋은 관계를 유지하는 게 목표라면 그 관계를 의미 있는 방식으로 회복할 방법을 생각해본다. 자녀가 폭력을 사용하지 않고 분노를 다스리도록 돕는 게 목표라면 체벌하기보다는 가르치고 지원하는 데 더 많은 에너지를 쏟자.

침착해야 하는 이유

물론 침착한 마음을 유지하는 법을 배우지 않으면 이 모두가 불가능할 것이다. 이성적·목표 지향적 사고 능력은 이런 감정적 순간에 흥분을 재빨리 가라앉히는 능력을 바탕으로 발전한다. 앞에서 살펴봤듯 침착함을 유지하는 능력은 인간의 생명 작용과 발달의 역사에 뿌리를 두고 있다. 이런 능력은 각자의 세계관과 연결되며 감정적인 순간에 주변 환경에서 일어나는 일의 영향을 받는다. 그러나 다른 한편으로 침착하게 말하는 능력은 연습과 노력으로 연마할 수 있다. 다음 장에서는 침착함을 유지하는 법을 더 자세히 알아볼 것이다.

02

냉정한 사람이 상황을 좌우한다

격한 감정이 들 때 몸에서 생기는 일

분노를 주제로 인터뷰하거나 청중 앞에서 강연할 때 거의 항상 받는 질문 두 가지가 있다. 첫 번째는 '요즘 사람들이 옛날 사람들보다 더 화를 잘 내나요?'이고, 두 번째는 '화날 때 어떻게 하면 흥분하지 않고 침착함을 유지할 수 있을까요?'이다.

솔직히 첫 번째 질문에 답할 방법은 사실상 없다. 이런 현상을 추적할 일관성 있는 장치나 수단이 없기 때문이다. 군이 추측해보자면 일부 측면에서는 현대인들이 과거보다 더 많이 분노하는 성향이 있지만 요즘은 소셜미디어와 동영상이 편재하는 시대이다 보니 분노의 증거를 새로운 방식으로 목격하게 됐기 때문일지 모른다. 즉 예전에는 눈에 안 보였던 분노가 요즘에는 훨씬 더 명확하게 드러나는 경우가 많아졌다.

두 번째 질문은 정말 중요한 문제이며 엄밀히 따지면 분노만이 아니라 감정이 격해지는 모든 순간으로 확대해도 좋은 질문이다. 누군가 당신이나 주변 사람에게 화를 낼 때 어떻게 해야 감정적으로 동요하지 않고 침착함을 유지할 수 있을까? 이를 위한 첫 단계는 그 순간에 우리 몸에서 벌어지는 일을 아는 것이다.

격한 감정이 들 때 나타나는 현상 중 하나는 교감신경이 활성화되는 것이다. 이는 우리를 위험에서 보호하거나 위협에 맞서기 위해 작용한다. 뇌는 심장박동과 호흡의 속도를 높여 싸우거나 여의치 않으면 도망갈 준비를 한다. 이럴 땐 에피네프린이 체내에 방출돼 추가 에너지를 공급한다.

이렇게 생긴 여분의 에너지 때문에 체온이 상승하거나 얼굴이 빨개지거나 손이 떨릴 수 있다. 또 체온을 낮추기 위해서 땀이 나기도 한다. 위기 상황에서는 소화 작용이 상대적으로 덜 중요하므로 소화계 작용은 둔화한다. 이는 침의 분비가 중단된다는 뜻이다. 입이 바짝 말라 말하기가 더 힘들어진다.

다시 말해 감정이 격해지면 입이 마르고 심장박동이 빨라지면서 땀이 난다. 손이 떨리고 숨이 차고 얼굴이 벌겋게 달아오른다. 이런 상황에서 누군가와 대화를 나눈다는 건 전속력으로 백 미터를 질주

한 직후 대화를 시도하는 것과 마찬가지다. 이럴 땐 명확한 사고가 힘들고 원하는 바를 효과적으로 전달할 표현을 생각해내기는 더욱 힘들다.

이런 투쟁-도피 상태에서 완전히 회복되기까지는 대개 20분 정도가 걸린다. 감정이 고조되기 시작한 뒤로 20분이 아니라 갈등 상황을 겪고 난 뒤로부터 20분이다. 교감신경의 활성화는 거의 자동으로 이루어지므로 이를 방지하려고 노력해봐야 아무 소용이 없다.

따라서 우리는 여기서 두 가지 방식으로 이 문제에 접근할 것이다. 첫 번째는 평소 상태로 돌아오기까지 걸리는 20분을 좀 단축하는 것이다. 두 번째 방식이 더 중요한데 감정이 이렇게 고조된 상태에서도 계속해서 사람들과 매끄럽게 소통하고 건전한 방식으로 행동할 방법을 찾는 것이다.

표출할수록 끓어오르는 분노

해서는 안 되는 행동부터 짚어보기로 하자. 사람들은 분노의 순간에 무언가를 주먹으로 부수거나 소리 지르거나 운동하는 등의 방법이 감정 발산에 도움이 된다는 주장을 흔히 한다. 그런 순간에 무엇을 발산하느냐고 물으면 보통 분노라고 답한다. 그런데 정말로 그럴까? 분노는 가스가 아니다. 이렇게 한다고 흩어져버리지는 않는다.

이런 주장이 아주 널리 퍼져 물건을 때려 부수며 분노를 표출하는 분노 방이 세계 곳곳에서 성행할 정도다. 내가 사는 지역에서 가까운 분노 방의 홍보물에는 힘든 시간, 하루, 한 달, 일 년을 보냈을 때 필요한 곳이며 본인이 고른 음악에 맞춰서 본인이 원하는 방식으로 물건을 부수는 공간이라는 설명이 나와 있다. 그렇지만 주먹질하거나 물건을 부수거나 소리를 지르면서 분노를 발산하는 행동은 분노를 줄이는 것이 아니라 오히려 가중한다.

분노를 외부로 발산해서 해소하는 방법이 효과가 없다는 것은 밝혀진 사실이다. 당장은 기분 좋을지 모르지만 부정적인 감정을 덜어내는 데는 도움이 안 된다. 오히려 이런 방법이 장기적으로 감정을 악화시킨다는 사실이 여러 연구에서 거듭 밝혀졌다. 카타르시스를 이용해 부정적인 감정을 정화하려고 시도했던 사람들은 이후 공격성과 타인을 해하려는 욕구가 높아졌다.

운동도 부정적으로 작용한다. 이는 의외의 사실로 느껴진다. 운동은 일반적으로 정신건강에 도움이 되며 이는 확인된 사실이다. 규칙적으로 운동한 사람은 보통 정신적으로 더 건강하다. 운동을 하면 기분이 나아지고 불안도 줄어든다. 이것이 감정이 격해진 순간에 격해진 감정을 진정시키기 위해 운동을 해야 한다는 의미는 아니다. 분노, 두려움, 극도의 슬픔 같은 감정을 느끼는 도중에 운동을 하면 흥분 전이라는 작용이 촉발돼 오히려 그런 부정적인 감정이 더 악화될 수 있다.

흥분 전이는 감정과 관련 없는 자극으로 감정이 한층 강화되는 현상을 뜻한다. 한 가지 경험에서의 흥분이 다른 경험으로 전이된다는 것이다. 화났을 때 달리기를 하면 달리기 때문에 심박 수가 증가하지만 뇌에서는 분노 때문에 심박 수가 증가하는 것으로 해석한다. 이 사실이 과학적으로 처음 밝혀진 것은 1972년에 돌프 질먼Dr. Dolf Zillmann과 동료들이 〈운동에서 후속적인 공격적 행동으로의 흥분 전이〉라는 연구를 발표하면서다.

1970년대부터 지금까지 분노와 공격성에 관한 연구들이 거의 그랬듯 이 연구에서도 실험 참가자들을 자극해서 화나게 했다. 그 뒤에 참가자들을 임의의 두 집단으로 나눴다. 한 집단은 실내 운동용 자전거를 타게 하고 다른 집단은 단순 활동을 하게 했다. 중심이 아닌 곳에 구멍이 뚫린 5센트 동전 크기의 원반을 무턱대고 실에 엮는 반복 작업이었다.

활동을 마친 뒤 참가자들은 자신을 화나게 만들었던 사람에게 응답해야 했다. 운동이 분노를 줄이는 데 효과가 있다면 자전거를 타고 나서 공격성이 줄어들었어야 했지만 결과는 그렇지 않았다. 그들은 더 공격적으로 반응했다. 어찌 된 일인지 정신이 멍해질 정도로 지루한 과제를 수행했던 사람들은 실내 운동용 자전거를 탔던 사람들보다 화가 훨씬 많이 가라앉았다.

이런 사실이 이미 관련 연구로 명확히 밝혀졌는데도 상담사나 치료사가 분노한 사람에게 흔히 권하는 방법에 눈에 띄는 변화가 생기지는 않았다. 지금도 '화날 때 분노를 가라앉히는 법'을 인터넷에서 검색하면 샌드백 치기, 분노의 방, 운동 등의 방법을 추천하는 웹페이지들이 줄줄이 검색된다.

그리고 개인적으로 심리치료사들에게 화날 때 운동을 하라거나 화가 난 자녀에게 베개를 때리면서 화를 풀라는 조언을 받았다는 얘기를 많이 들었다. 어떤 이유에선지 카타르시스를 이용한 정화법의 해로운 측면은 아직도 사람들에게 제대로 알려지지 못했다.

평정심을 되찾는 7가지 방법

지금까지 살펴봤듯 화가 날 때 운동이나 카타르시스를 이용한 정화법은 유익하지 않다. 그럼 어떤 방법이 효과적일까? 감정이 격해진 상황에 평정을 유지하는 데 도움되는 방법은 뭘까?

① 미리 결심하기

무엇보다 중요한 건 분노로 감정이 격해질 때 침착함을 지키는 사람이 되는 걸 의도적인 인생 전략으로 삼는 것이다. 감정이 이미 격해진 상황에서 침착함을 유지하기는 대단히 힘들다. 그럴 땐 모든 조건과 환경이 분노를 표출해야 한다고 외쳐대기 때문에 격해진 순간 감정을 자제하기로 결정하는 건 거의 불가능에 가깝다.

그러므로 상황이 발생하기 전에 미리 결심해 둬야 한다. 애타게 먹고 싶은 음식이 즐비한 메뉴판을 보면 과거의 습관으로 돌아갈 위험이 크다. 하지만 유혹에 둘러싸이기 전에 미리 온라인으로 메뉴를 살펴보고 간다면 건강에 좋은 음식을 선택할 가능성이 커진다. 마찬가지로 분노에 직면하기 전에 차분함을 유지하겠다고 미리 결심해두면 감정이 달아오를 때 미리 준비한 결정에 기댈 수 있다.

⏱ 멈춤 버튼 만들기

화나는 순간에 침착함을 유지하는 사람이 되겠다고 결심했거나 이미 그렇게 실천하고 있다고 해도 감정이 고조될 때 마음을 다잡기는 무척 어려울 수 있다. 누군가 당신에게 화를 낼 때 당신의 감정이 고조돼 무의식중에 대응하면 평정을 유지하겠다는 결심은 잊히기 쉽다. 이를 막는 한 가지 방법은 마음에서 '멈춤 버튼'을 찾는 것이다.

격한 감정이 몰려오고 있다는 것을 알아차린 즉시 되고 싶은 사람의 모습을 상기하려고 노력하자. 멈춤이 상대방을 없는 사람인 듯 잠시 무시하는 것을 의미하더라도 우선은 잠시 멈춰 내면의 평온을 찾은 뒤 대화를 이어나간다. 말처럼 쉽지는 않을지 모르지만 연습하면 이루어낼 수 있다.

이 장 끝부분에서 구체적인 연습법 몇 가지를 소개할 것이다. 우선 지금은 침착함을 유지하려면 감정이 격해진 순간에 잠시 멈출 시간을 찾아 감정을 누그러뜨릴 수 있어야 한다는 사실만 기억해두자.

③ 심호흡

소셜미디어에서 여섯 살짜리 아이가 호흡법으로 네 살짜리 남동생의 마음을 진정시키는 멋진 동영상이 인기를 얻었다. 동영상 밑에 적힌 설명에 따르면 동생이 성질을 부리려 하는데 형이 감정을 다스리도록 도와주는 것이라고 한다. 이 영상은 모델링이 돋보이는 무척 사랑스러운 영상이다. 그뿐 아니라 심호흡으로 마음을 진정시키는 방법을 보여주는 아주 완벽한 예로도 볼 수 있다.

자율신경계는 부교감신경계와 교감신경계로 나뉜다. 화가 날 땐 투쟁-도피 체계가 활성화되고 휴식-소화 체계는 작동을 멈춘다. 이를 달리 설명하면 두렵거나 분노하거나 놀라는 등 격앙된 감정 상태를 이완 상태와 동시에 유지할 수는 없다는 뜻이다. 이런 현상은 불일치하는 감정 상태라고 불린다. 이 말은 투쟁-도피 체계를 잠재우는 방법은 휴식-소화 체계를 활성화하는 것이라는 뜻도 된다. 그리고 휴식-소화 체계를 활성화하는 방법이 바로 심호흡이다.

심호흡 방법은 워낙 다양하기 때문에 모든 심호흡 법을 정리한 목록을 다룰 수는 없다. 대신 여기서는 널리 쓰이는 방법 3가지를 소개하려고 한다. 우선 박스 호흡법은 숨을 들이쉬고 참고, 내쉬고 참기를 반복하는 것이다. 다시 말해 숨을 들이쉬면서 넷을 세고 참으면서 넷을 세고, 내쉬면서 넷을 세고 참으면서 넷을 세는 과정을 1분 남짓 반복하면 된다.

삼각형 호흡법은 박스 호흡과 아주 비슷하지만 차이점이 하나 있다.

날숨 뒤에는 숨 참기를 하지 않고 건너뛴다. 즉 숨을 들이쉬면서 넷을 세고 참으면서 넷을 세고 내쉬면서 넷을 세고 이 과정을 반복한다.

마지막으로 4-7-8 호흡법을 할 땐 혀를 입천장에 댄 상태로 호흡한다. 이 호흡법은 폐에 있는 공기를 모두 내뱉는 것으로 시작한다. 이때 거의 닫힌 입 사이로 공기가 쉭 소리를 내며 빠져나가게 한다. 그런 뒤에 코로 조용히 숨을 들이쉬면서 넷을 센다. 그리고 숨을 참고 일곱을 센다. 마지막으로 숨을 내쉬면서 여덟을 세는데 이때도 공기가 혀를 지나갈 때 쉭 소리가 나도록 숨을 쉰다. 이 과정을 1분 남짓 반복한다.

지금 설명한 호흡법을 보면 알겠지만 어떤 호흡법이 더 나은지를 가려내기보다 본인에게 가장 잘 맞는 방법을 찾는 것이 중요하다. 이 3가지 호흡법을 포함한 거의 모든 호흡법의 원칙은 폐에 의식을 둔 상태로 길게, 천천히, 깊은 숨을 쉬는 것이다. 그렇게 하면 교감신경계의 반응이 점차 중단되고 마음이 평온해진다.

④ 긴장 이완

물론 심호흡은 몸의 긴장을 푸는 방법이며 격앙된 상태를 진정시키는 과정에 심호흡이 항상 포함돼야 한다는 점에서 중요하지만 심호흡 말고 다른 방법도 있다. 그중 여기서 소개할 방법은 의도적으로 근육을 이완하는 것이다.

점진적 근육 이완은 불안 장애를 치료할 때 특히 자주 사용되는 방법이다. 심호흡과 같은 원리를 활용해 투쟁-도피 체계를 잠재울 수 있도록 부교감 신경계를 활성화하는 데 목표를 둔다. 이 방법은 일반적으로 몸의 특정 근육들을 팽팽히 긴장시킨 상태로 몇 초간 뒀다가 다시 이완하는 방식으로 진행된다. 이렇게 하면 그 근육 주위가 편히 이완된 느낌이 강하게 느껴진다. 점진적 근육 이완은 이 과정을 점진적으로 진행하는 것으로 한곳의 근육에서 다른 근육으로 옮겨가며 이완하면 몸 전체가 이완된 느낌을 느낄 수 있다.

그런데 누군가 자신에게 화를 낼 때처럼 감정이 격해진 순간에는 점진적 근육 이완을 시도할 틈이 없다. 그럼에도 몇 초 동안 의도적으로 몸을 긴장시켰다 풀어서 몸이 이완되는 느낌을 느끼는 방식으로 활용할 수 있다.

⑤ 감정을 누그러뜨리는 5-4-3-2-1 기법

현재에 의식을 두는 건 우리 몸과 마음을 긴장이 풀린 평화로운 상태로 되돌리는 심리적 과정이다. 이 과정은 어떻게 보면 마음의 평정, 즉 심리적으로 편안한 기분을 찾는 것으로 생각할 수 있다. 현재에 의식을 두는 방법에는 앞서 소개한 심호흡이나 점진적 근육 이완을 포함한 다양한 방법이 있다.

흔히 사용되는 방법으로는 산책, 얼음 조각을 손에 들고 있기, 손을 물에 담그기, 의식을 현재로 되돌리는 데 도움을 주는 물건 가지고 다니기 등이 있다. 그런데 이런 방법 중 일부는 감정이 격해진 순간에 사용하기가 힘들다. 내가 볼 때 그런 순간에는 5-4-3-2-1 기법이 특히 유용한 것 같다.

5-4-3-2-1 기법은 그 순간 눈에 보이는 다섯 가지, 만질 수 있는 것 네 가지, 들을 수 있는 것 세 가지, 냄새 맡을 수 있는 것 두 가지, 맛볼 수 있는 것 1가지를 찾는 방법이다. 불안하거나 긴장되거나 화가 날 때, 순간에 집중하고 격한 감정을 누그러뜨리기 위해 잠시 주변을 둘러보면서 5-4-3-2-1 기법을 따라 하자. 마지막 한 가지를 찾을 때쯤엔 마음이 평온해지고 통제력을 되찾은 느낌이 들 것이다.

⑥ 만트라 준비해두기

화내는 사람이 바로 눈앞에 있을 땐 상황이 걷잡을 수 없이 흘러가는 느낌이 들기 쉽다. 만트라나 확언을 미리 만들어 두었다가 마음속으로 되뇌면 상황을 헤쳐 나갈 수 있다는 생각이 들면서 힘과 통제력이 되살아난다. 감정이 격앙된 순간에 도움이 될 만트라를 예로 들면 다음과 같다.

- 내게는 충분한 힘이 있다.
- 나는 지금 나를 통제할 수 있다.
- 나는 이 상황을 감당할 수 있다.
- 이 상황은 일시적인 것이다.
- 나는 이런 순간에 _____. (인내심이 있다, 친절하다, 강하다)

이런 만트라는 격려와 의미부여, 나아가 뭔가를 계획하는 역할을 겸한다고 생각할 수 있다. 지금 이 상황을 통제할 수 있다고 되뇌면서 조금만 더 버텨보자고 격려하고 통제력을 잃지 않는 것이 중요하다고 자기 자신을 일깨우는 것이다.

만트라는 영감을 주고 현실적으로도 많은 도움을 준다. 잠시 시간을 내 이런 순간에 도움 될 만트라를 찾아보자. 분노한 사람과 대면할 때 사용하는 만트라를 따로 만들 수도 있다.

⑦ 여러 방법을 함께 쓰기

근본적으로 모든 상황에 효과적인 방법은 없다. 방법 자체가 불완전해서가 아니라 워낙 상황이 다양해 한 가지 방법을 모든 상황에 두루 적용할 수 없기 때문이다. 예컨대 감정이 너무 격해져 중심을 잡기가 힘들 정도라면 현재에 의식을 두는 방법은 별로 효과가 없을지 모른다. 이럴 땐 심호흡이나 몸을 이완하는 방법이 더 유용할 수 있다. 그런데 한 가지 더 고려해야 할 점은 여러 방법을 함께 사용하는 것이 효과적일 때가 많다는 사실이다.

감정이 격앙된 순간에 할 수 있는 최선은 비교적 신속하게 기본 과정을 따르는 것이다. 이럴 땐 최대한 빨리 잠시 멈출 기회를 찾고 마음을 가라앉힌다. 그런 다음 심호흡하고 몸의 근육들을 이완한 뒤에 차분히 중심을 잡으면서 목표와 선택 가능한 결과들을 떠올려본다. 감정은 순식간에 격해지므로 순간에 이 모든 과정을 따르는 것이 불가능할지 모른다. 하지만 방금 설명한 과정은 몇 초 만에도 실행할 수 있으며 그렇게 하고 나면 머리가 훨씬 맑아질 것이다.

감정이 격해지기 전후로 할 일

침착함을 유지하기 위한 작업 중에는 감정이 격해진 순간이 아니라 그 순간 전후로 진행돼야 하는 것도 있다. 나는 이런 작업을 운동선수가 경기 전에 전략을 세우고 끝난 뒤 경기 영상을 검토하는 것에 비유한다. 경우에 따라 감정이 격해지기 전에 그에 대한 계획을 세울 수도 있다. 또 상황이 종료된 후에 그 사건을 솔직하게 되돌아보며 분석할 수 있다.

미리 분노 상황에 대비하기

앞서 어떤 사람이 되고 싶은지 결정하는 것이 분노를 접해 감정이 격해질 때 침착함을 지키는 방법의 일부라고 설명했다. 즉, 자기 자신이 어떤 사람이라고 생각하는지, 그 순간에 어떻게 그런 목표를 실천하며 살아갈 것인지를 결정해두는 것이다.

그런데 특정 상황에 그보다 더 확실한 의도를 품고 임할 수도 있다. 분노한 사람에게 대처할 상황은 예기치 않게 벌어질 때가 많지만 예상하고 미리 계획할 수 있는 경우도 가끔 있다.

예를 들어 회사에서 누군가에게 부정적 영향이 미칠 결정을 내릴 때, 자녀가 들으면 분명히 화를 낼 것 같은 이야기를 할 때, 화를 아주 잘 내는 사람과 대화를 나눌 때 같은 상황이다. 이런 상황에서는 분노를 접할 가능성이 있는 정도가 아니라 매우 높다.

가능성이 높으므로 이에 미리 대비할 수 있다. 상대방이 화를 낼 것으로 예상하고 자신의 감정을 어떻게 다스릴지 결정한 상태에서 상황에 임하는 것이다. 동료에게 말해 둔 기일까지 프로젝트를 끝내지 못했다는 사실을 솔직히 털어 놓아야 한다고 가정하자. 이런 결과가 발생한 데는 당신 잘못이 크다. 기한 내에 끝내고 싶었지만 다른 일에 묶여 끝내지 못했다. 당신이 아는 한 그 동료는 보나 마나 화를 낼 것이다. 이때 당신은 동료의 성격을 잘 알고 있으니 그가 짜증 낼 것에 대비해 미리 계획을 세워둘 수 있다.

이를테면 이 나쁜 소식을 동료에게 알릴 최선의 방법이 무엇일지 고민해볼 수 있다. 동료가 짜증을 내면서 발생할지 모를 문제를 해결할 방법을 찾아볼 수도 있다. 심지어 동료가 화를 낼 때 침착하게 대응하기 위해 미리 연습해볼 수도 있다. 이렇게 계획해두면 감정적인 순간이 실제로 벌어졌을 때 자신의 감정을 더 잘 제어하게 된다.

분노한 순간을 복기하기

감정이 격해진 순간에 침착함을 유지하는 법을 배우는 가장 좋은 방법 한 가지는 추후에 그 순간을 돌아보는 것이다. 특히 그 순간에 당신이 어떤 행동을 했으며 어떤 부분에서 더 잘 대처할 수 있었을지 생각해본다. 이상하게 들릴 수도 있다는 것을 안다.

상황이 모두 종료된 뒤 그 상황을 돌아보는 것이 어떻게 침착함을 유지하는 데 도움이 될까? 운동선수가 경기가 끝난 뒤 영상을 보면서 자기 행동을 연구하면 미래에 의미 있는 변화를 만들 수 있다. 즉 다음번에 비슷한 상황에 처하면 어떻게 대처할지를 생각할 수 있다. 어떤 시점에서 잠시 멈춰야 했는지, 언제 심호흡을 했더라면 좋았을지, 현재에 의식을 두면서 마음을 다잡았으면 좋았을지 살필 수 있다. 이렇게 정리된 생각이 다음번에 감정을 조절하는 데 도움을 줄 것이다.

어떤 사람이 자신은 이런 식으로 늘 상황을 돌아보지만 도움되는 느낌이 거의 안 든다고 내게 말했던 적이 있다. 이 사람은 과거 상황을 돌아볼 때 격한 감정이 다시 몰려온다고 했다. 그 경험을 다시 체험하고, 두 번, 세 번, 네 번 흥분하게 되는 느낌이라는 것이다.

이런 의견에 대해 두 가지 이야기를 하고 싶다. 첫째, 과거의 일을 회상하면서 다시 감정이 격해지는 것은 괜찮다. 오히려 마음을 가라앉히는 연습을 할 기회가 되기 때문에 심지어 유익할 수도 있다. 그런 순간에 흥분되는 것을 알아차리면 잠시 시간을 내 위에서 배운 방법을 따르자. 잠시 멈출 기회를 찾고 심호흡을 하고 몸의 근육을 이완하고 현재에 의식을 집중해보자.

둘째, 많은 사람이 이런 순간에 상대방이 했던 행동에 지나치게 집중하는 실수를 범한다. 이런 식의 회상은 아주 흔히 나타나는 현상이다. 사람들은 자신이 이 상황을 어떻게 거들었는지, 어떤 식으로 대응했는지를 생각하기보다는 '그 사람이 이런 행동을 했다니 믿어지지 않는다'라는 생각에 사로잡힌다. 운동경기 영상의 비유를 들면 녹화된 경기 영상을 보면서 다른 팀 움직임만 살피는 것과 같다. 그보다는 경기에서 본인이 어떤 역할을 했는지를 비롯해 전체를 살피고 분석하는 데 시간을 들여야 한다.

분노한 사람을 항상 알아볼 수 있는 건 아니다

그런데 감정이 격해지는 상황을 경험하려면 애초에 누군가 우리에게 화가 났다는 걸 알아봐야 한다. 하지만 화가 났다는 사실을 항상 알아차릴 수 있는 건 아니다. 분노한 사람의 전형적인 모습이 모든 사람에게 나타나는 것은 아니기 때문이다. 누군가 화가 났어도 알아보지 못할 수 있다. 화가 났다고 모두 고함지르고 욕하지는 않는다. 다음 장에서는 분노가 얼마나 다양한 방식으로 표현될 수 있는지에 대해 이야기 나눌 것이다.

03

분노의 다양한 얼굴을 기억하라

화나면 눈물부터 흘리는 그녀

아내의 분노 표현 방식 때문에 생긴 문제로 관계에 어려움이 생긴 사람과 이야기를 나눈 적이 있다. 그의 아내는 지금껏 논의한 예와 달리 화난다고 소리 지르거나 고함을 치지는 않았다. 물건을 부수지도 않았다. 사람들이 흔히 그러듯 상처 주는 말을 쏟아내며 상대방을 몰아세우지도 은근히 돌려서 비난하지도 않았다. 대신 그녀는 화가 나면 눈물을 흘렸다.

보통 아내가 좌절하면서 눈물 흘리는 상황은 남편이나 남편의 행동 때문은 아니었다. 아내는 불편함 때문에 화를 내고 결국 울음을 터트렸다. 회사에서 누군가와 의견 충돌을 벌이고 눈물을 참기 힘들어했다. 하지만 부부끼리 말다툼 벌이다가 눈물 흘리는 때도 있었다. 그는 처음 이런 일이 일어났을 때를 떠올리면서 마치 아내에게 뭔가 큰 잘못을 저지르기라도 한 듯 마음이 아주 안 좋았다고 말했다.

하지만 시간이 지나면서 조금씩 분한 생각이 들었다. 그는 이렇게 말했다. 아내 의견에 동의를 안 하면 바로 울기 시작하니까 이제는 절대 아내 의견을 반대하면 안 될 것 같은 기분이 든다고 한다. 이런 상황이 나타나는 패턴은 단순했다. 사소한 문제로 의견이 갈려 남편이 이에 대해 이야기하려 하면 아내가 울음을 터트렸다. 남편은 아내를 슬프게 한 것에 죄책감을 느꼈다. 결국 아내를 울릴까 두려워 의견 차이가 있어도 숨겨야 할 것 같은 압박감까지 느꼈다.

그런데 이 상황을 극복하기가 그토록 힘들었던 것은 아내도 자신의 이런 성향을 인식하고 있으며 이를 마음에 안 들어 했지만 도무지 그런 행동을 그만둘 수 없다는 점이었다. 남편이 억울해할 때 그녀는 당혹감과 죄책감을 느꼈다. 남편 입장에서 가장 크게 문제가 되는 측면은 아내의 눈물이 분노와 좌절의 표현임을 인식하지 못했다는 데 있다. 그는 눈물이 슬픔의 표현이라고 생각했기 때문에 아내가 울면 즉시 아내가 자기 때문에 슬퍼한다고 생각했다.

울음은 사실 분노를 표현하는 아주 흔한 방법이다. 이에 대해 분노와 슬픔의 연관성, 슬픔과 좌절의 중심에 자리한 무력감을 포함한 다양한 해석이 나온다. 무엇보다도 이런 표현 방식은 분노에 대한 아주 중요한 사실을 말해준다. 분노는 아주 다양한 방식으로 표현될 수 있으며 그중 일부는 쉽게 분노로 인식하기 힘들다는 사실 말이다.

참거나 뿜어내거나

처음 분노에 대한 연구를 시작했을 때 나는 분노 표현 유형 4가지를 측정하는 분노표현척도라는 검사법을 사용했다. 네 가지는 '분노 표현-표출, 분노 표현-억제, 분노 조절-표출, 분노 조절-억제'다. 분노 표현-표출에는 흔히 분노와 관련지어 생각하는 행동들이 포함된다. 예를 들면 소리 지르기, 욕하기, 문을 쾅 닫기, 주먹질하기 등이다.

분노 표출-억제는 흔히 분노 억제로 불리는 행동으로 참기, 삐지기, 부루퉁해지기 등이 포함된다. 분노 조절도 표출과 억제의 두 가지로 나뉘지만, 나는 둘 사이에 눈에 띌 정도의 차이가 있지는 않다고 판단해 항상 이 둘을 하나로 묶어서 취급한다. 엄밀히 따지자면 분노 조절-표출에는 분노의 감정이 시키는 대로 행동하는 것을 피함으로써 행동을 통제하려는 의도적인 노력이 포함되며, 분노 조절-억제에는 심호흡이나 그 밖의 긴장 완화 전략이 포함된다.

처음 사용할 당시에는 이 검사법이 아주 명확해서 맘에 들었지만 이내 분류가 지나치게 단순하다는 것을 알게 됐다. 사람들은 분노를 다양한 방식으로 표현하기 때문에 이와 같은 서너 가지 범주로는 분노 양상을 충분히 의미 있게 담아내지 못한다. 가령 화날 때 음악을 연주하거나 듣는 사람도 있고 시를 쓰는 사람도 있다. 속마음을 털어 놓거나 조언을 구할 친구를 찾기도 하고 인터넷에 글을 써서 자신이 얼마나 화가 났는지를 세상에 알리기도 한다.

　게다가 이런 순간에 분노를 일으킨 사건에 대해 생각하는 방식도 제각각이다. 생각이 다르다 보니 행동 방식도 각양각색이다. 분노의 순간에 최악의 상황을 가정하는 사고를 하는 사람은 인생에서 긍정적인 면에 초점을 맞추는 사람과는 다른 방식으로 분노를 표출하고 다스릴 것이다. 사고 유형이 다르면 행동 방식도 달라지며 그렇다는 건 우리 주변의 화를 잘 내는 사람의 행동이 우리와 아주 다를 수도 있다는 뜻이다.

가장 흔한 분노 표출 방식 9가지

화날 때 가장 흔히 나타나는 대표적인 행동 방식을 알아보자.

① 공격하기

신체적·언어적 공격성은 가장 잘 알려진 분노 표출 방식이다. 어떤 사람들은 때리기, 밀치기, 내던지기 같은 신체적 수단을 이용하거나 욕설과 잔인한 말 등 언어적 수단으로 상대방을 공격하며 분노를 표출한다.

운전 중에 다른 사람에게 손가락으로 욕하거나 꾸물거리며 방해하는 사람에게 외설적인 말을 퍼붓기도 한다. 응원하는 팀이 경기에서 졌을 때 텔레비전을 향해 리모컨을 던지거나 문을 쾅 닫고 벽을 주먹으로 치는 사람도 이런 부류에 포함된다. 대개 뭔가를 부수려는 의도가 있다기보다는 자신의 분노를 신체적으로 표현한 것이다.

그런데 겉으로 드러난 공격적인 표현조차 사람들이 생각하는 것과는 다른 형태로 나타날 수 있다. 분노로 촉발된 공격성이라도 직접적으로 표출되지 않을 수 있다. 때로는 상대방에 대한 근거 없는 소문을 퍼뜨리거나 하겠다고 했던 일을 일부러 안 하는 등의 소위 수동적 공격성으로 표출되기도 한다. 그런 간접적인 분노 표출은 직접적인 형태의 신체·언어적 공격성과 완전히 달라 보인다.

② 부루퉁하거나 침잠하기

아마도 신체적·언어적 공격성의 정반대는 침잠하거나 부루퉁한 태도로 분노를 표출하는 경우일 것이다. 이런 행동은 갈등 상황을 지극히 싫어하는 사람들에게서 주로 나타난다. 이들은 화나서 속이 끓어도 분노를 표출하는 것이 불편하다. 심지어 긍정적이고 친사회적인 방식으로 표현하는 것조차 거북해서 그냥 화나게 만든 사람에게서 떨어져 입을 닫는다. 자리를 떠 혼자만의 시간을 갖거나 방에 침울하게 앉아 있거나 차를 타고 드라이브하러 나가기도 한다.

화날 때 침잠하는 사람 중에는 진심으로 혼자만의 시간을 보내고 싶어 하는 사람들도 있다. 그러니 다시 받아들일 준비가 되면 언제든 함께 하겠다고 알려주는 것, 지나친 강요로 부담스럽게 하는 것 사이의 균형을 잘 찾아야 한다.

그런데 때로는 삐지거나 침잠하는 것이 더 계획적이고 교묘한 대응일 수도 있다. 즉 갈등이 불편해서가 아니라 주변 사람에게 영향을 미치기 위해서 이런 수단을 사용하는 경우다. 이럴 땐 상대방을 통제하려는 의도로 일부러 부루퉁해 하면서 '당신이 끼친 피해를 만회하기 위해 당신이 노력해야 한다'라는 신호를 보낸다. 이들에게는 삐지는 것이 주먹을 휘두르거나 모욕을 퍼붓지 않으면서 반격하고 복수하는 방법이다.

③ 억제하기

삐지거나 침잠하는 것과는 약간 다르게 분노의 감정을 완전히 부정하는 사람들도 있다. 이들은 좌절감과 짜증을 생생히 느끼면서도 '괜찮다'라고 말한다. 앞에서 언급한 분노표현척도에서 이런 유형의 표현 방식은 '분노 표출-억제'로 불리며 검사에서 '속이 끓어올라도 겉으로 티 내지 않는다' 또는 '아무에게도 말하지 않고 속으로 원망을 품는 경향이 있다'와 같은 항목으로 확인된다.

이런 종류의 분노 억제는 주변 사람들 눈에 잘 안 띌 수도 있다. 자신이 화가 났다는 걸 알면서도 그에 대해 말하고 싶지 않은 것이기 때문에 앞서 설명한 '부루퉁하거나 침잠하기'와는 완전히 다르다. 그런 경우는 기본적으로 화가 나지만 별로 얘기하고 싶지 않고 그냥 혼자 있고 싶다고 말하는 것이다. 그런데 이들은 그저 화났다는 걸 남들에게 알리지 않는 게 아니라 화가 났느냐고 누가 물으면 아니라며 부정한다. 다시 말해 화난 것이 틀림없는데도 인정하지 않는다.

④ 비꼬기

사람들에게 존경받는 저명한 임상·건강 심리학자 클리포드 라자루스Dr. Clifford Lazarus는 "비꼬는 것은 유머를 가장한 적대감이다"라고 말한 적 있다. 늘 그렇다고 볼 수 없겠지만 그의 이런 지적은 어느 정도는 진실이다. 사람들이 크고 작은 좌절을 느낄 때 비꼬는 말로 상황을 넘기는 걸 보면 비꼬는 말은 정말 분노에서 비롯됐을 수도 있다.

예컨대 컴퓨터가 고장 난 걸 알고 "거참 잘됐네!"라고 말하는 사람도 있다. 곁에 있는 사람이 뭔가 힘겨워하는 게 분명해 보여서 도움이 필요하냐고 물으면 "아뇨, 지금 이거 엄청 재밌어요"라고 대답할지도 모른다. 비꼬는 말은 보통 남을 해치려는 의도로 쓰이지는 않는다. 그보다는 현재 겪는 고통을 덜어낼 의도로 사용된다. 비꼬는 말은 기분을 밝게 하고 상호작용을 즐겁게 만들 하나의 방법일지 모른다. 뭔가 안 좋은 일이 생겼을 때 좌절과 실망을 직접 표현하기보다는 "그거 잘됐네"라거나 "하, 그거 완벽한데!"라고 돌려 말하는 식으로.

그렇지만 약간의 공격성이 포함된 소통방식으로 사용되는 경우도 간혹 있다. 이럴 땐 상대방에 대한 실망을 비꼬는 말로 표현한다. 예를 들어 회사에서 발생할지 모를 문제에 주의하라고 경고했는데 그 조언을 무시한 바람에 문제가 발생했을 때 "거참 놀라운 일이군그래"라고 "내가 얘기했잖아!"라는 말을 은근히 돌려서 수동적으로 공격할 수도 있다.

⑤ 분산시키기

사람들은 분노를 음악 연주나 글쓰기 같은 건전한 활동으로 표출하기도 한다. 분노의 에너지를 일이나 취미 생활에 쏟아붓는 것이다. 이렇게 화를 분산시키는 대응 방식은 몇 가지 다른 방식으로 나타날 수 있다.

그중 하나는 계속 바쁘게 지내서 주의를 분산시키는 것이다. 이렇게 하면 분노를 일으킨 문제에 대한 생각에 사로잡히지 않고 그 외의 것에 초점이 맞춰진다. 비디오 게임을 하거나 산책하러 나가거나 집 청소를 하는 등의 활동이 이에 해당한다. 내 수업을 듣는 학생 중에는 화가 날 때 뜨개질하는 학생도 있다. 뜨개질은 마음을 가라앉히고 정신을 집중하게 해주는 좋은 활동이라는 점에서 분노를 털어버리는 훌륭한 방법이다.

한편 분노했던 일을 일기에 기록해서 분노를 처리할 수도 있다. 그 순간의 감정을 담은 시를 쓰거나 예술 작품을 만들 수도 있다. 그런 식으로 분노를 표출하는 것은 주의를 분산시키는 방법이라기보다는 분노의 감정을 더 잘 이해하고 대처하려는 시도라고 하겠다.

다만 자신의 감정을 이해하기 위한 글쓰기와 감정을 그저 쏟아내는 데에만 목적을 둔 공격적인 글쓰기를 구분하기가 쉽지 않을 때도 있다. 전자는 치료에 도움이 되는 가치 있는 활동이지만 후자는 도움이 안 되는 불건전한 활동이 될 수 있다.

⑥ 단호하게 주장하기

공격성이나 적대감 없이 잘못을 저지른 사람에게 직설적으로 분노를 표출하는 방법도 물론 있다. 실제로 많은 사람이 자기 생각을 단호한 말로 전달하는 방식으로 분노를 표출한다. 이들은 솔직하고 확고한 태도로 분노한 감정을 전달하지만 상대방에게 해를 가하려는 의도는 없다. 이런 표현에는 모욕이나 의도적인 잔혹성이 없다. 인신공격이나 복수를 하려고 시도하는 것도 아니다. 특정 상황 이상으로 확대하는 지나친 일반화도 없다. 그들은 갈등을 최소화하는 방식으로 문제를 해결하기 위해 그런 단호한 주장을 전달하는 것이다.

단호한 주장을 공격성으로 오해하지 않도록 하자. 화가 난 사람은 해치려는 의도 없이 분노를 표현할 수 있으며, 이는 화가 나서 신체적으로나 언어적으로 상처를 주려는 시도, 즉 공격성과는 아주 다르다.

화날 때 단호하게 자기 의견을 표현하는 사람은 비교적 드물다. 가장 큰 이유는 분노한 상태에서 냉정하기가 무척 힘들기 때문이다. 분노한 상태에서는 상대방을 비난하려는 욕구가 흔히 뒤따르기 때문에 해치려는 의도 없이 한발 물러나 분노를 직설적으로 표현하는 것은 훈련과 노력이 필요한 진정한 기술이다. 대부분의 사람에게는 이런 기술이 갖춰져 있지 않다.

그래도 이런 식으로 대응할 수 있는 사람들이 있으며 주변 사람들은 그가 분노한 상태임을 잘 알아채지 못한다. 소리 지르거나 욕하지 않으면서도 침착하게 표현한 덕분에 사람들은 그가 그 순간 화를 내고 있다고 생각하지 않는다. 분노는 다양한 방식으로 나타날 수 있다는 사실을 염두에 두고 어떤 사람이 겉으로 보기에 평온하다고 내면까지 평온한 것은 아님을 기억할 필요가 있다.

⑦ 심호흡 또는 몸의 이완

이제 열한 살 된 우리 막내아들이 화날 때 가장 먼저 하는 행동은 양팔을 옆으로 내리고 약간 어깨를 밑으로 낮춘 자세로 앞을 응시하며 심호흡하는 것이다. 그 순간 우리 막내는 주변의 모든 것에서 주의를 거두고 마음의 평온을 유지하는 데만 집중하는 것처럼 보인다.

앞 장에서 설명했듯 이런 행동은 분노 표출 방식의 하나다. 자극을 받아 화나기 시작하면 재빨리 심호흡이나 몸을 이완하는 다른 방법을 이용해서 침착함을 유지하는 것이다.

이런 행동은 다음과 같은 몇 가지 이유로 나타날 수 있다. 첫째, 앞서 언급했듯이 상대방과 더 잘 소통하기 위해서 침착한 태도를 유지하려고 의도적으로 노력한 결과일지 모른다. 화는 나지만 폭력적이거나 적대적이지 않은 건전한 방식으로 소통하기 위해서 적극적으로 노력하는 것이다. 둘째, 어떤 사람들은 더 나은 결과를 만들기 위해서가 아니라, 분노의 감정이 불편하거나 두려워서 침착한 상태를 지키려고 애쓴다. 이들은 화나면 기분이 나빠지기 때문에 그 순간의 분노를 최소화하기 위해 노력한다.

⑧ 운동 또는 카타르시스 정화법

안전한 방법으로 공격성을 표출하는 것이 분노를 해소하는 좋은 방법이라는 생각은 분노에 대한 가장 흔한 오해다. 이런 생각이 틀렸다는 사실이 50년에 걸친 연구로 밝혀졌음에도 여전히 이런 방법으로 원치 않는 분노를 다스린다는 말을 일상적으로 듣는다. 이런 사람들은 화가 나면 베개나 샌드백을 주먹으로 치며 화를 분출한다.

　운동으로 분노를 다스리는 것도 잘못된 접근법 중 하나다. 화날 때 운동하면 카타르시스를 통한 정화법과 마찬가지로 의도치 않은 결과를 초래한다. 운동은 심박 수와 호흡 속도를 높이는데 화날 때 우리 몸에 필요한 작용은 그 반대다. 분노로 이미 심박 수가 높아졌는데 그럴 때 운동하면 분노한 감정의 생리작용이 계속 유지되도록 만들 뿐이다. 운동은 '흥분 전이'로 분노의 감정을 유발할 수도 있다. 운동으로 심혈관 작용이 활성화되면 분노를 자극하는 요인이 있을 때 분노 반응이 나타날 가능성이 커진다.

⑨ 울음

아주 흔히 나타나지만 상대방의 오해를 부르기 쉬운 반응으로 울음
이 있다. 오해라 말한 이유에는 화날 때 우는 사람을 보고서 슬픔이
주된 감정이고 분노는 부수적인 감정이라 생각하는 사람이 많아서
다. 우는 사람을 보면 사람들은 분노했다기보다는 슬픔을 느끼는 것
이며 슬픔이 눈물로 드러난 것이라 생각한다. 가끔 이런 추측이 맞을
수도 있겠지만 대부분 분노할 때 흘리는 눈물은 분노에 따른 자연스
럽고 건강한 반응이다.

실제로 사람들은 슬픔과 직접적인 관련이 없는 여러 이유로 눈물
을 흘린다. 몸이 아파서 고통스러울 때, 두려울 때, 행복할 때, 심지어
타인의 감정에 공감할 때도 눈물을 흘린다. 궁극적으로 눈물은 의사
소통 도구다. 눈물은 괴로움을 느끼거나 격한 감정에 사로잡혔다는
신호를 주변 사람들에게 보낸다. 눈물은 진화적으로 이점이 있었기
때문에 존재하는 원초적인 도움 추구 행동으로 볼 수 있다. 곤경에
처했다는 신호를 보낸 사람은 주변의 도움을 얻을 가능성이 높았고
생존할 가능성도 높았다.

눈물은 여전히 타인의 도움을 구하는 수단으로 쓰인다. 그 증거는
마르테인 발스터스Martijn Balsters와 동료들이 수행한 2013년 연구에서
찾을 수 있다. 연구진은 참가자들에게 슬픈 표정의 얼굴이나 무표정
한 얼굴 중 한 가지 사진을 보여줬다.

사진 중 절반엔 눈물을 그려 넣었다. 참가자들은 그 사진을 5만분

의 1초라는 아주 짧은 시간 동안만 볼 수 있었다. 사진을 본 뒤 참가자들에게 ① 사진 속의 인물에게 어떤 감정이 담겼는지 ② 그에게 얼마나 도움이 필요한지를 물었다.

참가자들은 사진 속 얼굴에 눈물이 보였을 때 도움이 더 많이 필요하다고 인식했다. 눈물은 도움이 필요하다는 신호이며 사람들은 그런 신호를 더 빨리, 제대로 알아본다.

분노한 사람에 대해 알아둘 것들

그렇다면 다양한 분노 표출 방식을 아는 것이 분노한 사람에게 대처하는 데 어떤 의미가 있을까?

⚡ 항상 같은 방식으로 분노를 표출하는 사람은 없다

화날 때마다 똑같이 행동하는 사람은 없다. 사람들은 상황마다 각기 다른 분노 반응을 보인다. 맥락은 분노 표현에 상당한 영향을 미친다.

예컨대 내가 자녀에게 분노를 표현하는 방식은 친구나 상사에게 표현하는 방식과 다르다. 이것은 물론 쉽게 예상되는 결과다. 나는 자식을 키울 책임이 있기 때문에 아이의 행실이 바르지 못하면 실망하고, 그런 실망을 특정한 방식으로 표출한다.

회사 상사와의 관계는 이와는 아주 다르다. 그에게 실망하는 일이 생기더라도 자식을 대할 때와는 다른 목표로 행동할 것이다. 그리고 목표가 다르니 표현 방식도 그에 맞춰서 달라질 것이다.

☆ 사람들에게는 자기만의 '믿을 만한' 표현 방식이 있다

화가 날 때 사람들은 다양한 행동을 할 수 있다. 그 행동은 상황에 따라 달라지겠지만 저마다 일관된 표현 방식이 나타나는 경향도 분명히 있다. 특히 눈물을 흘리거나 소리 지르는 것처럼 무의식적인 반응은 너무 빨리 일어나기 때문에 본인이 원하더라도 통제하기가 무척 힘들다. 일상에서 소통하는 주변 사람 중에 화를 잘 내는 사람이 있다면 그가 분노했을 때 어떻게 행동하는 경향이 있는지 파악해두는 것이 가장 좋다. 감정이 격해지는 순간에 발생하는 문제 중에는 그 사람이 정말로 어떤 기분을 느끼는지를 알아차리지 못해서 생기는 것도 있다.

☆ 그런 표현 방식이 어디서 비롯된 것인지 찾아본다

화난 사람을 대할 땐 다양한 표현 방식이 어디서 비롯됐는지, 왜 그런 식으로 분노를 표현하는지 알아야 한다. 의도했든 의도하지 않았든 그런 표현 방식은 뭔가 더 깊은 차원의 문제가 있다는 것을 암시할 가능성이 크다. 눈물을 흘리는 경향은 무력감이나 난감함을 나타내는 신호일 수 있다. 소리 지르는 경향은 두려움을 이용해 주변 사람을 통제하려는 것일지 모른다. 심호흡하는 경향은 분노를 더 생산적으로 극복하기 위해 마음을 진정시키려는 노력을 보여주기도 한다. 이런 다양한 표현 방식은 근본적인 문제와 욕구를 드러낸다. 따라서 분노 표현을 이해하고 그런 방식이 어디서 비롯됐는지 알아보는 건 화난 사람에게 대처하는 가장 좋은 방법의 하나다.

⌁ 상대방의 관점에서 이해해본다

물론 상대방의 분노를 인식하는 건 분노한 사람을 진정으로 이해하는 과정 일부에 불과하다. 분노한 사람의 심정을 제대로 이해하려면 분노를 일으킨 사건을 당사자의 관점에서 생각해봐야 한다. 무엇이 분노를 유발했는지, 분노를 일으킨 원인을 그 사람이 어떻게 해석했는지, 분노를 유발한 사건이 일어났을 때 그의 기분은 어땠는지를 이해해야 한다. 상황을 그의 관점에서 도식화해야 한다. 이에 대해서는 다음 장에서 자세히 다룰 것이다.

상대의 관점에서 상황을 읽어라

그들이 분노한 이유

1991년 연구원 네 사람이 감정이 격해진 상황을 아이들이 얼마나 잘 이해하는지를 알아보는 연구에 착수했다. 연구원들은 아이들이 격한 감정을 접할 때 그 감정을 알아볼 수 있는지, 그런 감정을 유발한 상황을 이해할 수 있는지 알아보고자 했다.

연구원들은 어린이집과 유치원에 다니는 유아와 아동의 행동을 관찰했다. 아이들을 연령에 따라 세 집단으로 분류했다. 나이가 가장 어린 집단은 39~48개월, 중간 집단은 50~62개월, 가장 많은 집단은 62~74개월이었다. 연구원들은 그 집단의 누군가에게서 행복이나 슬픔, 분노, 고통의 표정이 나올 때까지 기다리며 지켜봤다. 그런 표정이 나타나면 관찰자는 그 느낌과 원인을 기록하고 감정의 강도를 평가한 뒤, 주위에 있었지만 사건에 관여하지 않은 아이에게 다가갔다. 그러고 나서 다음 두 가지 질문을 던졌다. '지금 기분이 어때요?' '왜 그런 기분이 들어요?'

연구원들은 나중에 정해진 코드에 맞게 부호화할 수 있도록 아이들의 답변을 아이가 말 그대로 기록했다. 그런 다음 다시 아이들을 관찰하기 시작했다. 목표는 아이들이 또래의 감정을 해석하고 그런 감정을 느끼는 이유를 이해하는 데 얼마나 능숙한지 알아보는 것이었다. 연구팀은 아이들의 답변과 관찰자의 기록을 비교했다.

분석 결과 연령과 감정에 따른 몇 가지 차이가 드러났다. 아이들은 다른 감정보다 행복감을 더 정확히 알아볼 가능성이 컸으며 타인의 감정을 알아차리는 능력은 연령이 높을수록 발달했다. 실험 대상 중에 연령이 가장 높았던 집단은 대상이 되는 감정을 정확하게 식별한 확률이 83퍼센트였다. 그런 감정을 느낀 이유를 추측할 때 최소 74퍼센트는 감정에 대한 일반적이고 정확한 설명을 제시했다. 가장 어린 집단인 3~4세 집단도 감정을 정확히 식별해냈으며 3분의 2는 감정을 촉발한 이유도 정확히 파악했다.

내가 이 연구를 좋아하는 이유는 아이들이 감정적 상황을 얼마나 일찍 이해하기 시작하는지를 보여주기 때문이다. 타인의 관점에서 감정을 생각하는 아이들의 능력은 대단히 흥미롭다. 갓 태어난 아기였을 때 우리는 다른 사람에게 생각과 감정이 있다는 생각조차 하지 못했다. 부모에게 고통, 피로, 짜증을 안길 수 있다는 사실을 전혀 모른 채로 도와달라고 한밤중에 울음을 터뜨렸다. 다른 사람들이 우리에 대해 생각하거나 심지어 우리를 판단할 수도 있다는 걸 행복하게도 알지 못했다. 나중에야 그런 걸 이해하고 그에 따라 수치심, 당혹감, 자긍심 같은 많은 감정을 새롭게 습득한다.

그런데 연구에 따르면 태어난 지 불과 몇 년 만에 타인의 감정을 전혀 인식하지 못하는 상태에서 대부분 성인만큼 감정을 이해하는 수준으로 발전한 것이다. 여기에는 그럴 만한 이유가 있다. 감정적인 상황을 이해하는 능력은 조상의 생존에 결정적인 역할을 했다. 다른 사람이나 동물이 화가 났다는 걸 알면 갈등을 피하고, 적대적인 반응이 오갈 수 있는 상황에서 안전을 지킬 수 있었다. 누군가 왜 슬퍼하는지를 이해하면 집단에 유리한 방식으로 상실에 대처할 수 있었다. 타인의 두려움을 인식하는 건 다른 사람이 두려워하는 게 우리에게도 두려운 것일지 모른다는 점에서 당연히 필요한 능력이었다.

보다 현대적인 맥락에서 생각할 때 감정을 알아차리고 그 이유를 이해하는 건 거의 모든 대인관계 활동의 성공을 좌우하는 중요한 요소다. 감정을 효과적으로 이해하고 활용하는 리더는 팀원들의 동기를 더 잘 북돋을 수 있다. 자녀가 어떤 기분을 느끼고 왜 그런 기분을 느끼는지 이해하는 부모는 자녀의 정서적 욕구를 더 잘 채워줄 수 있다. 사람들이 동료에 대해 불평하는 걸 들어보면 대부분은 직무 능력이 뒤떨어지는 것과는 관계가 없고 정서적으로 부족한 점이 불만이다. 동료가 이상하고 무신경하고 무례하다는 말은 동료에게 정서적 기술이 부족하다는 것을 지적하는 것이다.

이 모두가 화난 이유를 상대방의 입장에서 이해하는 것이 그 상황에 대처하는 데 아주 중요하다는 걸 말해준다. 그저 상대방이 화가 났다는 사실을 알거나 화난 이유를 피상적으로 이해하는 것만으로는 충분하지 않다. 분노한 사람에게 대처하기 위해서는 그의 분노를 그의 입장에서 이해해봐야 한다.

그래서 나는 분노를 유발한 사건을 상대방의 입장에서 도식화하도록 사람들에게 권장한다. 단, 분노 사건을 상대방의 관점에서 이해하는 것이 그에게 받은 학대를 용인하는 것을 의미하지는 않는다. 행동과 감정은 반드시 분리해서 생각해야 한다.

벌어진 일은 좋고 나쁨이 없다

나는 전작《우리는 왜 분노하는가》에서 분노 사건을 도식화하는 방법을 자세히 다뤘다. 분노 사건 도식화에서는 제리 디펜바허Dr. Jerry Deffenbacher가 제시한 모델을 바탕으로 분노를 촉발하는 3가지 요소를 밝혔다. 그 3가지는 바로 촉발 요인, 분노 전 상태, 평가 과정이다.

촉발 요인은 보통 분노를 유발한 원인으로 지목되는 것이다. 이를테면 '내가 부탁한 대로 쓰레기를 내다 놓지 않아서 화가 났다' '내 공로를 가로채서 화가 났다'라는 말에서 이유에 해당하는 부분이 바로 그것이다. 촉발 요인은 분노에 불을 지핀 불꽃이라고 생각할 수 있으며 그런 의미에서 분노를 일으킨 요인에 해당한다. 휘발유가 뒤덮인 헝겊 더미에 성냥을 던졌다고 상상해보자. 불을 일으킨 것은 성냥이지만 헝겊 더미가 상황을 한층 악화시켰다.

일반적으로 화내는 것은 단순히 그 불꽃 때문만은 아니다. 촉발 요인이 있을 때 무엇을 하고 있었고 어떤 기분 상태였는지도 중요하다. 디펜바허는 이것을 분노 전 상태라고 불렀다. 촉발 요인을 경험할 때의 정서적·생리적 상태가 이에 해당한다.

피곤하거나 배고프거나 스트레스 받았거나 슬프거나 불안하거나 다른 문제로 이미 화가 나 있거나 너무 덥거나 너무 춥거나 신체적으로 불편한 곳이 있거나 그 밖에 혐오스런 일을 경험할 때 분노를 부채질할 수 있는 다양한 조건과 상태가 이에 해당한다.

예를 들어 아침에 출근해서 이메일을 열어보니 그날까지 마무리될 것으로 믿고 기다렸던 프로젝트를 끝내지 못했다는 동료의 이메일이 와있다고 가정해보자. 이 자체만으로 좌절감이 들지도 모른다. 정해진 시간에 정해진 방식으로 완성될 걸 기대했는데, 완성되지 않았다니 화가 난다. 목표에 차질이 생긴 상황에서 화가 나는 건 정상이며 나아가 건강한 반응이다.

그런데 똑같은 상황에서 지난밤 잠을 거의 못 자고 출근길에 심한 교통 체증에 시달려서 녹초가 된 상태로 회사에 도착했다고 상상해 보자. 그러면 이메일을 읽고서 훨씬 기분이 나쁘지 않겠는가?

당연히 이런 상황에 영향을 주는 맥락적 요인은 상당히 많다. 예를 들면 이 동료와의 관계, 제때에 일을 못 끝낸 과거의 이력, 이 프로젝트의 중요도, 동료의 설명을 이해하고 믿을 수 있는지 여부, 끝내지 못한 데 따른 결과 등이다. 이런 맥락적 요인 모두 중요하지만 이 역시 해석과 평가에 어느 정도 좌우된다. 해석과 평가에 대해서는 잠시 뒤에 다룰 것이다.

분노를 일으킨 자극이 있을 때 기분이 중요한 이유는 분노에 관여하는 세 번째 요소인 평가 과정에 영향을 미치기 때문이다. 평가란 촉발 요인을 어떻게 해석하는지를 의미한다. 우리는 촉발 요인이 우리 삶의 맥락에 어떤 의미가 있다고 볼까? 누구에게 책임이 있다고 생각하는가? 이런 결과를 피할 수도 있었을까? 상황이 얼마나 심각한가?

우리에게 벌어진 일은 본질적으로 좋거나 나쁘지 않다. 우리는 자신에게 어떤 의미가 있는지에 따라 그 일의 좋고 나쁨을 결정한다. 구름 한 점 없이 맑고 화창한 날은 자녀의 축구경기를 보러 가는 사람에게는 기분 좋은 상황일지 모른다. 하지만 한동안 비 구경을 못해서 농작물이 괜찮을지 걱정하는 농부는 맑고 화창한 날씨에 좌절감을 느낄 수 있다.

주어진 상황이 불공평하거나 잔혹하거나 계획에 방해가 된다고 인식하면 분노할 가능성이 크다. 바로 이 대목에서 우리가 1부에서 살펴봤던 사고방식들이 작용한다. 이분법적 사고, 타인에게 특정한 원칙 강요하기, 최악의 상황 가정하기 같은 사고를 자주 하는 사람은 화낼 가능성이 훨씬 크다.

지레짐작 때문에 분노한 상사

그렇다면 이 사실을 아는 것이 분노한 사람에게 대처하는 데 어떤 식으로 도움이 될까? 우리에게 중요한 도구는 상대방의 관점에서 분노 사건을 도식화하는 능력이다. 분노 경험에 작용한 3가지 요소를 평가하면서 상대방의 분노를 이해하려고 노력해보자. 촉발 요인은 무엇이었는가? 촉발 요인이 발생할 때 그의 기분 상태는 어땠는가? 그는 이 촉발 요인을 어떻게 해석했을까?

대학생 시절 농장에서 아르바이트를 했는데 내게 자주 화내는 상사 밑에서 일했던 적이 있다. 내가 맡은 일은 트랙터를 몰고 관광객들이 농장과 그 주변 지역을 둘러볼 수 있게 안내하는 것이었다. 그러다 보니 축사에서 멀리 떨어져 있는 시간이 길었다. 휴대전화가 없던 시절이라 한참 연락이 닿지 않을 때도 많았다. 그래도 보통은 문제가 되지 않았다. 농장 견학에 걸리는 시간은 한 시간 남짓이었고 다음 팀을 안내할 시간에 맞춰 농장 사무실로 돌아왔기 때문이다.

그런데 어느 날 내가 안내할 관광객 단체가 예정된 시간보다 아주 늦게 도착했다. 내 상사가 아닌 다른 상사가 내게 그 단체를 안내하라고 말하면서 내가 예정된 시간에 맞춰서 돌아오지 못할 테니 다음 차례로 예약된 손님들은 다른 직원에게 안내를 맡기겠다고 했다.

나는 그 단체를 안내하러 나갔고 시간은 한 시간 정도가 걸렸다. 견학이 거의 끝나갈 무렵 트랙터를 잠시 세워두고 관광객들에게 주변 풍경을 설명하던 참이었다. 그때 내 상사가 화가 잔뜩 난 표정으로 사륜차를 몰고 다가오는 모습이 보였다.

그는 내 앞으로 와서 억지로 웃음을 지어 보이며 상냥함을 가장한 불쾌한 어조로 이렇게 말했다. "야, 라이언, 너 지금이 몇 시인 줄 알아?" 나는 시계를 차고 있지 않았지만 견학 시간이 얼마나 소요되는지 알았기 때문에 대충 계산해서 그에게 대답했다. 그는 내가 정확한 시간을 대는 것을 보고 놀란 눈치였다. 그는 한층 분노한 목소리로 이렇게 말했다. "아니, 이런 제기랄, 시계나 보고 몇 시인지 말해."

"저한테 시계가 없다는 걸 아시잖아요. 그래도 몇 시인지는 알…." 그가 내 말을 가로채며 말했다. "맞아, 젠장 넌 시계가 없어. 그니까 다음 스케줄에 늦었다는 걸 모르잖아. 제길, 시계를 좀 차고 다니라고." "지금 몇 시인지 알아요." 내가 대답했다. "이 단체가 늦게 도착했는데 그래도 견학을 안내하라고 지시받았어요. 다음 스케줄은 다른 직원에게 맡기기로 했고요."

그는 어안이 벙벙한 표정을 지었다. 이 소식을 전해 듣지 못한 것이 분명했다. 아무 말도 하지 못했다. 그런데 이 모든 일은 관광객들이 지켜보는 가운데 일어났기 때문에 이상하고 불편한 분위기가 감돌았다. 한참 어색하게 아무 말 없던 그는 사륜차를 몰고 그 자리를 떠났고 나는 이 기이한 대화를 목격하고 당황하고 불편해하는 사람들을 추슬러야 했다.

그럼 여기서 잠시 이 상황을 분석해보자. 우선 나는 그가 아주 예의 없이 행동했다고 생각한다는 점을 분명히 밝혀두겠다. 그는 전체 상황을 제대로 알지 못한 채로 대응했고 그 자신과 나는 물론이고 관광객들까지 당황할 만큼 필요 이상으로 나를 비정하게 대했다. 만일 내가 이 상황에서 정말 잘못을 저질러서 그가 화를 낼 정당한 이유가 있었더라도 이보다는 훨씬 더 바람직하고 생산적인 방식으로 상황에 대처할 수 있었을 것이다.

분노한 사람의 관점으로 상황 읽는 법

이 사건을 3단계로 도식화하면 다음과 같다.

⋌ 1단계 : 촉발 요인

이 상황의 촉발 요인은 흔히 그렇듯 간단하다. 내가 있을 것으로 예상했던 곳에 내가 없었고 다음 단체를 안내할 사람도 없었다. 이 상황의 촉발 요인은 확실히 목표를 방해하는 상황의 범주에 들어간다. 그는 고객들이 좋은 경험을 했으면 했고 안내할 사람이 없어서 견학을 늦게 시작하는 것은 그 목표에 방해가 되는 일이었다.

⚡ 2단계 : 분노 전 상태

분노하기 전에 그가 어떤 상태였는지를 판단하기는 조금 어렵지만 스트레스와 약간의 불안을 느끼는 상태였을 것으로 추측한다. 그 농장은 진행 중인 활동이 많았고 특히 그 계절에는 주말 가족 방문객들에게 인기 있는 장소였다. 엄청나게 바빠서 모든 직원이 정해진 시간 내에 여러 임무를 맡아 처리해야 했다. 그는 높은 수준의 스트레스로 아마 긴장했을 것이다. 그를 포함한 농장 직원들은 바쁜 성수기 주말을 맞이해서 아주 이른 아침부터 개장 전 준비 작업을 시작하고 저녁에 폐장한 뒤로도 남아서 일해야 하는 바쁘고 긴 하루하루를 보냈다. 그도 분명 상당히 지쳐 있었을 것이다.

⚡ 3단계 : 평가

그런데 이 상황에서 가장 흥미로운 단계는 평가 과정이다. 그가 이 상황과 관련자들에 대해서 어떤 생각을 했을지 머릿속에 그려보는 것은 가치 있는 일이다. 나에 대한 그의 생각과 별개로 상황 자체에 대해 생각해보자. 그의 관점에서 보면 관광객들을 안내해야 할 사람인 내가 그 자리에 없었다. 이런 상황은 곧바로 '타인에게 특정한 원칙을 강요하기' 유형의 생각을 불러일으켰다.

- '라이언이 여기 있어야 하는데.'
- '이건 라이언의 일이잖아.'
- '대체 애는 지금 뭘 하고 있는 거야?'

또 그는 견학 안내자가 없을 때의 결과에 집착해서 아마도 이 상황이 얼마나 부정적인지를 과장하면서 재앙적 사고에 해당하는 생각을 했을 것이다.

- '관광객들에게 돈을 환불해줘야 할 거야.'
- '이거 진짜 난처하네.'
- '가뜩이나 바쁜데 이제 견학 가이드까지 해야 할 판이잖아.'

이런 평가만으로도 이미 분노가 일었을 가능성이 크다. 상황을 이런 식으로 평가하는 사람은 아마 누구라도 화가 날 것이다. 그런데 그가 평소 나를 어떻게 생각했는지를 고려하면 상황은 더욱 나빠진다. 나는 이 일에 능숙한 사람이 아니었다. 물론 출근 시간을 정확히 지켰고 지시받은 일을 충실히 수행했고 고객과 잘 지내는 등 대부분의 측면에서는 책임감 있는 직원이었지만 이런 일을 잘할 수 있는 기술이나 배경지식은 별로 없었다.

그곳에서 일하기 전엔 트랙터나 엔진을 다뤄본 적이 거의 없었는데 일하는 동안 대부분을 트랙터를 운전하면서 보내야 했다. 트랙터들은 꽤 오래됐고 제대로 관리가 안 돼서 다양한 고장과 말썽을 일으켰는데 나는 그런 순간에 어떻게 대처해야 할지를 몰랐다. 다른 사람들처럼 문제를 예측해서 대비하지 못했다.

상사의 관점에서 이런 상황이 의미하는 바는 끊임없이 문제에 연루되는 사람이 나였다. 그래서 견학을 안내해야 할 시간에 내가 그 자리에 없었을 때 그는 내게 잘못의 책임이 있다고 성급히 결론지었다. 앞에서 살펴봤듯이 엉뚱한 곳에 원인을 돌리는 이런 경향은 보통 분노를 악화시킨다.

더 나아가 그는 내가 사무실에 대기하고 있어야 할 시간에 없었던 것이 시계가 없어서 시간을 몰랐기 때문이라고 추측했다. 두 가지 모두 틀린 추측이었다. 내게는 아무 잘못이 없었으며 나는 시간이 몇 시인지 알고 있었지만 그의 관점에서는 그것들이 그런 상황을 유발한 요인이었다.

게다가 그는 내가 무책임하거나 멍청하거나 그 이상으로 형편없는 사람이라고 생각하면서 내게 선동적인 낙인을 찍었을 가능성이 크다. 그런 분노의 순간에 사람들에게 어떤 낙인을 찍는지는 중요하다. 일단 낙인을 찍어 사람들을 특정 항목으로 분류하면 그때부터는 그들을 그런 방식으로 생각하게 되기 때문이다. 낙인이 필터 역할을 하면서 그 필터를 통해 그 사람을 바라보게 된다. 그가 나를 멍청하고 무책임한 직원으로 생각하고 내가 유능하고 책임감 있게 해내는 일에 대해서는 잊어버리면서 그런 인식의 문제는 한층 심화됐다.

이 모든 것을 종합하면 스트레스를 많이 받고 지친 상태에 있는(분노 전 상태) 어떤 사람이 목표를 방해받는 상황에 처하고(촉발 요인) 그 상황을 당혹스럽고 재앙적인 것으로 받아들였다(평가). 이 상황은 무책임한 직원으로 인해 발생했다(평가). 그는 이에 대해 상당히 분노했고(감정 상태) 나를 찾아내 막말을 퍼붓는 것으로 분노를 표출했다(표현).

분노 사건 도식화의 효과

분노의 피해자인 나는 이런 도식을 통해 무엇을 얻을 수 있을까? 두 가지 측면에서 도움을 얻을 수 있다.

효과적인 시점에 개입할 수 있다

첫 번째로 이런 도식은 그 순간 어느 시점에서 개입해야 하는지를 알아내는 데 도움을 준다. 위에 소개한 나의 사례에서 분노는 몇 가지 특정 원인에서 비롯됐다.

- 스트레스와 피로
- 일어난 일에 대한 잘못된 정보

- 내가 무책임한 사람이라는 인식

직원인 나의 입장에서 상사의 스트레스와 피로는 내가 해결할 수 있는 문제가 아니다. 게다가 이런 상황에서는 스트레스와 피로를 어떻게 해보기가 힘들다. 자기 밑에서 일하는 직원에게서 긴장을 풀고 쉬어가면서 일하라는 말을 듣고 좋아할 사람은 아무도 없다. 그렇지만 잘못된 정보를 바로잡기 위해 노력할 수는 있다. 궁극적으로 이 사례에서 분노를 가라앉힌 요인은 그런 잘못된 정보를 바로잡은 것이었다.

⚘ 화내는 패턴을 파악하고 대비할 수 있다

두 번째로 이 같은 분노 사건을 도식화해두면 나중에 화를 잘 내는 사람과 일상적으로 상호작용하며 지내야 할 때 패턴을 파악하는 데 도움이 된다. 위 사례에서 상사의 분노는 나를 무책임하고 무능한 사람으로 인식한 데서 비롯된 경우다. 나는 직접적인 대화를 통해서 또는 조금 더 간접적인 방식으로 그런 인식을 수정하기 위한 조치를 할 수 있다.

상대방의 분노를 자극하는 요인과 기분 상태를 이해할 수 있을 정도로 그 사람에 대해 충분히 알면 그런 상황을 더 효과적으로 헤쳐 나갈 수 있다. 상대방의 분노를 자극할 상황을 피할 수 있고 분노로 이어지기 쉬운 기분 상태라는 것을 알아차려 분노를 예방하기 위한 조처를 할 수도 있다. 누군가가 어떤 방식으로, 어떤 이유로 분노하게 되는지 관련된 패턴에 주목하자. 이런 패턴을 파악한다면 앞으로 발생할지 모를 잠재적 분노 상황에 더 잘 대처할 수 있다.

정당한 화도 있을까?

물론 상대방의 관점에서 분노에 대해 생각해야 하는 이유 하나가 더 있다. 위 사례에서 내게는 잘못이 없었다. 그런데 상사가 오해해서 내게 화를 낸 것이었다. 하지만 화내는 사람이 항상 틀린 것은 아니다. 때로는 우리가 정말로 잘못을 저질러서 상대방이 우리에게 화내는 것이 정당한 반응일 수도 있다. 화내는 것이 정당할 때 어떻게 대응해야 할까? 이에 대해서는 다음 장에서 자세히 알아보자.

때로는 화낸 사람에게 잘못이 있다

실수를 인정하기가 쉽지 않은 이유

잠시 이런 상상을 해보자. 누군가 당신에게 화가 났으며 당신은 그런 분노를 일으킬 만한 잘못을 분명히 저질렀다. 의도치 않은 일이었고 사소한 잘못이었을지 모른다. 상대방의 분노가 당신이 마땅히 받아들여야 할 수준에 비해서 훨씬 클 수도 있지만 상대방이 화내는 것이 정당하다는 데는 의심의 여지가 없다. 당신이 실수했고 상대방은 그 실수 때문에 화가 났다. 이제 할 수 있는 최선을 다해 상황을 해결하려고 노력해야 할 때다.

자기 잘못을 인정하고 이를 해결하기 위해 노력하는 것은 추측건

대 쉬운 일이다. 내 말은 실제적인 해결 과정이 상당히 단순하다는 뜻이다. 이럴 땐 상황을 살펴보고 필요한 경우 앞 장에서 배운 방식으로 도식화해서 상황을 파악한다. 본인이 그 상황에서 어떤 역할을 했는지 확인하고 어디서 실수했는지 파악하고 실수를 인정하고 해결책을 찾아 나선다.

감정을 완전히 배제하고 보면 이런 과정 자체는 간단하다. 그런데 쉬워야 할 이 과정이 어째서 생각만큼 쉽지 않은 걸까? 그 이유 한 가지를 들면 방어적인 태도가 가로막기 때문이다.

정당한 분노인지 알아낼 방법 2가지

방어적인 태도에 대해 알아보기 전에 정당한 분노인지 여부를 어떻게 알 수 있는지부터 논의해보자. 방어적인 태도를 제외하고 생각하더라도 상대방이 화내는 것이 옳은지 판단하기가 까다로울 수 있기 때문이다. 이런 종류의 일에는 판단에 참고할 시금석 같은 것이 따로 없으며 판단은 항상 상황에 따라 달라진다.

어떤 행동을 했고 무엇 때문에 그런 행동을 하게 됐으며, 상대방이 이 행동을 어떻게 해석했을지 등을 고려해야 한다. 그렇지만 생각의 방향을 잡을 때 다음과 같은 몇 가지 제안이 도움이 될 수 있다.

⅍ 분노한 상대방의 감정에 휘둘리지 않는다

때로는 의도치 않게 타인의 감정이 우리의 과실에 대한 책임감이나 죄책감에 영향을 미치도록 내버려두기도 한다. 우리는 상대방이 내게 화가 났으니 내가 뭔가 잘못한 것이 틀림없다고 생각한다. 그런 식으로 생각하고 느끼지 않도록 주의하자.

누군가 우리에게 화를 냈다고 해서 늘 우리에게 잘못이 있는 건 아니다. 상대방의 분노가 우리가 실수를 저질렀음을 의미할 수도 있지만 완전히 잘못 짚고 정당하지 않은 분노를 할 때도 많다. 그가 상황을 잘못 해석했거나 과잉 반응했던 것일 수도 있다. 어쩌면 분노를 무기 삼아 우리 마음을 교묘히 조종하는 것일지 모른다. 그러니 자신이 한 행동과 그에 대한 상대방의 반응을 구별해서 생각해야 한다.

⅍ 내 행동과 그것이 상대방에게 미친 영향을 평가한다

가끔 사람들이 "이런 말이 비열하게 들리겠지만, 나는 그저…"라고 운을 뗀 뒤에 자신이 했던 행동을 정당화하는 말로 그 뒤를 채우는 걸 듣게 된다. 물론 우리 각자 정서적 안녕과 성장, 발달을 위해서는 그런 정당화가 중요하다. 우리가 하는 행동에 영향을 미치는 다양한 요인을 분석하는 것은 우리에게 유익하다. 하지만 우리에게 화가 난 사람 입장에서는 우리가 무엇을 하려고 했는지, 왜 그런 행동을 했는지는 별로 중요하지 않다. 가장 중요한 건 우리가 했던 행동과 그 행동이 그에게 미친 영향이다.

우리가 정말로 생각해봐야 할 질문은 '내가 상대방을 함부로 대했거나 부당하게 대하진 않았나?' 또는 '내가 상대방의 목표를 부당하게 방해하지는 않았나?'다. 어떤 동기가 있든 내 행동이 상대방을 기분 나쁘게 만들었거나 그의 기회를 박탈했거나 일의 진척을 방해해 상대방에게 해를 끼쳤는지 살펴야 한다. 만일 그랬다면 그의 분노는 정당하다.

우리를 가로막는 방어적 태도

방어적 태도는 비판받거나 공격당하는 것에 대한 감정적 반응이다. 뭔가 잘못했다고 비난받고 있다고 생각할 때 우리는 방어적 태도를 취하게 된다. 다른 감정과 마찬가지로 방어적 태도에는 생각, 생리적 각성, 행동이 포함된다.

예를 들어 배우자가 당신에게 잔뜩 어질러놓고 치우지 않는다며 화를 냈다고 가정하자. 당신은 실수했다는 것을 마음속으로 알고 있다. 치우려 했지만 깜박 잊어버렸다. 이럴 때 "미안해, 얼른 치울게"라고 말하는 대신 이런 방어적 태도를 취할지 모른다.

- '어질러놓기만 하고 청소는 안 하는 사람은 따로 있는데, 왜 나만 잔소리를 들어야 하지?'와 같은 생각을 한다. (생각)

- 불안, 수치심, 긴장감이 들면서 심박 수가 높아지고 근육이 긴장된 느낌이다. (생리적 각성)
- 빈정대고 비난하거나 실수를 부인한다. (행동)

다른 모든 감정과 마찬가지로 방어적 태도 역시 특정한 상황에 더 자주 발생한다. 그래서 분노를 도식화하는 것과 비슷한 방식으로 본인이나 타인의 방어적 태도를 도식화할 수도 있다. 이때 방어적 태도를 유발한 자극, 방어적 태도 전 상태, 자극에 대한 본인의 평가를 파악해 나간다.

방어적 태도가 특히 문제되는 이유는 타인의 지적을 받아들이는 것이 성장과 개선에 아주 중요하기 때문이다. 역할과 활동에 관계없이 발전하려면 열린 마음으로 비판을 받아들여야 한다.

잠시 시간을 내서 무엇을 나의 핵심가치로 삼고 싶은지 생각해보자. 당신은 다정한가? 정직한가? 꾸준히 배우고 성장하기를 바라는가? 자신의 가치에 대한 인식은 곤란한 상황에 직면했을 때 어떻게 행동할지에 영향을 준다.

왜 우리는 다른 사람이 화를 내면 방어적으로 반응할까? 실수를 인정하고 해결하기 위해 노력하는 것이 왜 이토록 어려운 걸까? 상대방이 실수를 인정하고 사과하지 않는 것을 보며 좌절하는 사람이 얼마나 많은지를 생각하면 정말 기이하다. "내가 원하는 건 상대방이 잘못을 인정하고 사과하는 거야"라는 말은 갈등이 생겼을 때 흔히 듣는 말이다. 많은 사람이 타인에게 기대하는 반응과 자기 자신이 기꺼이 하려는 행동 사이에는 이처럼 괴리가 존재한다. 왜 그런 걸까?

정체성을 위협받으면 화가 난다

대부분의 감정적 경험과 마찬가지로 방어적 태도는 자기 보호와 관련된 작용이다. 실수했다는 비난은 우리의 행복이나 정체성을 위협하는 것으로 받아들여져 괴로움을 안긴다. 그렇게 되면 우리는 괴로움을 털어버릴 위안과 해결책을 찾게 된다. 그런 순간에 이성적으로 사고할 수 있다면 실수를 인정하고 해결해서 위안을 얻고 상황을 해결할 것이다. 하지만 이성적인 사고가 불가능할 땐 실수를 부정하거나 갈등의 초점을 상대방에게 돌려 해결하려고 한다. 그래서 "미안해, 내가 설거지를 깜빡했네"라고 해야 할 상황에 "그럼 당신은 빨래는 자기가 맡아 한다고 해놓고 제대로 걷어둔 적이 한 번도 없잖아!"라고 반응하게 되는 것이다.

특히 자아 정체성과 일치하지 않는 실수를 했을 때 더 큰 위협 요인이 된다. 어떤 사람이 내게 낚시 실력이 형편없다고 핀잔을 줘도 나는 대수롭지 않게 여길 것이다. 낚시를 잘하는 편이라고 생각하지 않기 때문에 이 말을 들어도 정체성을 위협하는 발언으로 생각하지 않는다.

하지만 누군가 나를 형편없는 교수, 부모, 배우자라고 비난하거나 그런 뜻을 넌지시 내비치면 기분이 아주 나빠질 것이다. 나는 그런 역할을 잘 해내고 싶고, 잘하려고 정말 열심히 노력하고 있기 때문에 형편없다는 말은 내게 상처를 준다. 그런 역할에서 내 미숙함을 드러내는 실수를 누군가가 알아차리고 지적하면 나는 정체성의 중대한 부분에 대한 위협으로 받아들이고 아픔을 느낄 것이다.

물론 실제 사례는 지금 제시한 예처럼 명확하지는 않을지 모른다. 우리 각자의 정체성은 아주 광범위하게 펼쳐져 있으며 모호하고 예측 불가능한 온갖 방식으로 위협받을 수 있다. 어느 뛰어난 농구 선수가 다른 운동 종목에 도전할 일이 생기면 운동선수라는 자신의 정체성 때문에 아마도 공격받는 기분이 들 것이다. 그 도전이 그의 타고난 운동 능력에 대한 공격처럼 느껴지기 때문이다.

친절을 중요한 가치로 여기고 실천하는 사람은 대화 상대방으로부터 무례해 보인다는 말을 들으면 위협을 느낄 수 있다. 그는 이런 피드백을 친절하고 사려 깊은 사람이라는 자신의 정체성에 대한 위협으로 여긴다. 방어적인 태도는 정체성에 위협을 받았을 때 나타나는 자연스러운 감정 반응이다. 다른 감정이 자신을 보호하기 위한 작용이듯 방어적인 태도로 보호하려는 것이다. 그래도 발전에 방해가 될 수 있다.

누군가 화를 낼 때 방어적 태도를 더 많이 취하게 만드는 성격적 특성도 있다. 우선 불안하거나 자신감이 부족할 때가 그렇다. 도전을 받으면 초조해지고 자신의 주장을 제시하기가 힘든 성격도 마찬가지다. 트라우마나 학대 경험이 있어서 이런 상황에서 정서적으로 더 큰 부담을 느낄 때도 방어적 태도가 더 많이 나타난다. 다른 감정 표현을 모방하듯 방어적 태도를 모방했고 그것이 학습된 행동으로 자리 잡았을 때도 방어적 태도가 자주 나타난다. 다른 모든 감정적 경험과 마찬가지로 방어적 태도의 뿌리는 복잡할 수 있으며 그런 태도를 유발한 특정 상황 이상으로 확대되기도 한다.

물론 피드백이 어디서 왔고 어떤 환경에서 피드백을 전달받았는지도 중요하다. 그와 관련한 예는 내집단 비판에 대한 반응을 조사한 레비 아델만Levi Adelman 과 닐란야나 다스굽타Nilanjana Dasgupta 의 2019년 연구에서 찾아볼 수 있다. 내집단 비판은 집단 내에서 나온 부정적인 피드백을 뜻하는 것이다. 예를 들어 팀원이나 배우자, 동료가 뭔가를 다른 방식으로 해야 한다고 말하는 경우다.

이 논문은 별도로 진행된 3가지 실험으로 구성됐으며 실험에서 사람들이 서로 다른 환경 조건에서 비판을 어떻게 받아들이는지를 조사했다. 실험 참가자들은 '위협 있음' 집단과 '위협 없음' 집단으로 나뉘어 배정됐다.

'위협 있음' 집단은 경제가 침체하고 있으며 이에 따라 임금 감소와 삶의 질 하락이 나타날 수 있다는 기사를 읽었다. 그리고 두 집단의 참가자들 모두 미국 경제 침체는 미국인의 직업의식 부족 때문이라는 기사도 읽었다. 두 번째 기사는 미국 경제학자가 쓴 글이었지만 연구원들은 그의 국적을 조작해 또 하나의 변수를 추가했다. 기사를 쓴 저자를 미국인이거나 한국인으로 나눴다.

연구 결과 위협이 없을 때 참가자들은 외집단의 피드백보다 내집단의 피드백을 더 잘 받아들였다. 다시 말해 한국인에게 비판받았을 때 더 방어적인 태도를 나타냈다. 그러나 위협이 있을 땐 내집단의 비판에 대한 수용성도 감소했다.

참가자들이 각자의 경제적 안녕을 걱정할 땐 내집단의 수용성과 외집단 수용성에 차이가 없었다. 참가자들은 어떤 경우에든 방어적 태도를 보였다. 이는 방어적 태도의 핵심이 정서적 안녕이나 전반적인 삶의 안녕에 위협이 된다고 인식한 것으로부터 자신을 보호하는 작용이라는 견해와 일치하는 결과다.

내 태도가 방어적인지 확인하는 법

다른 감정적 경험과 마찬가지로 자신이 방어적으로 반응하고 있다는 걸 그 순간에 깨닫기는 어려울지 모른다. 방어적 태도를 보인다는 건 실질적으로 자신의 감정, 생각, 행동을 적절히 평가할 수 없는 상태라는 뜻이다. 그렇다면 방어적 태도가 작용하려 할 때 어떻게 재빨리 알아차릴 수 있을까?

우선 자신이 대화의 초점을 상대방의 행동으로 옮기려 하고 있지 않은지에 주목한다. 여기에는 당신이 그런 행동을 하게 만든 상대방의 행동에 초점을 맞추는 것도 포함된다. 상대방이 과거 당신에게 어떤 잘못을 저질렀거나 당신과 비슷한 행동을 했는지에 초점을 맞추는 것도 포함될 수 있다. 두 가지 모두 상대방의 역할에 초점을 맞춰서 자신의 역할은 못 본 척 넘어가려고 시도하는 경우다.

두 번째로 자신이 상대방의 말에 귀를 기울이지 않는 건 아닌지 살핀다. 상대방의 말을 듣는 대신 그다음에 할 말을 준비하고 있을지도 모른다. 이메일이나 문자 메시지로 소통하는 경우 읽지 않고 미루거나 읽다 중간에 그만두기도 한다. 마지막으로 "그래, 하지만"이라는 식의 논리를 이용해서 "그러지 말았어야 했다는 건 알지만, 나는…"이나 "무슨 말인지는 알겠는데, 그래도…"와 같은 말을 꺼내지는 않는지 신경 쓴다. 이런 식의 논리는 회피하려는 경향을 드러낼 때 나오는 경우가 많다.

짐작하다시피 계속해서 방어적 태도를 취하면 자기 자신이나 주변 사람들에게 심각한 결과를 초래할 수 있다. 자기 자신과 관련해서는 죄책감과 수치심에 빠질 수 있다. 방어적으로 대응하면 당장은 심적 불편이 줄어들지 모르지만 장기적으로는 자기 행동에 대한 죄책감, 부끄러움, 더 나아가 슬픔을 느끼게 된다. 게다가 인간관계에 심각한 문제가 발생할 수도 있다. 타인과의 관계가 더 적대적이고 감정적인 분위기로 흘러가고 사람들이 당신을 비이성적이거나 신뢰할 수 없는 사람으로 보기 시작할지 모른다. 그리고 잠재적으로 가장 큰 문제는, 문제를 효과적으로 해결하고 타당한 해결책을 찾기 힘들어진다는 점이다.

방어적 태도 때문에 상황을 효과적으로 해결하기가 힘들어질 때, 그런 상황을 극복할 전략이 몇 가지 있다. 그중 일부는 노력이 필요하지만 지금 당장 실천할 수 있는 전략도 있다.

〜 정체성 탐색하기

정체성에 위협을 받는 상황에서 방어적 태도가 나타난다면 자신의 정체성을 탐색하는 데 시간을 투자하는 것이 바람직하다. 방어적 성향이 특히 강해질 때는 언제이며 그런 순간에 정체성의 어떤 측면이 위협받는가? 한 걸음 나아가 방어적 태도를 누그러뜨릴 수 있게 정체성에 대한 생각을 수정할 방법은 없는가?

예를 들어 '나는 옳아야만 한다'에서 '나는 배움을 좋아한다'로 고쳐 생각할 수 있을까? 생각이 이렇게 바뀐다는 건 뭔가를 잘못 알고 있을 때 그것을 지성에 대한 도전이 아니라 성장의 기회로 여기게 된다는 뜻이다. 아델만과 다스굽타의 연구에서 정체성과 관련한 이런 태도를 해결할 실마리가 제시됐다. 이 연구에서 진행한 한 가지 실험에서 연구원들은 참가자들에게 '핵심적인 국가 가치'라는 것을 상기시키는 방법으로 방어적 태도를 낮춰보려고 시도했다. 실험 참가자 중 절반은 실험에 참가하기 전에 언론의 자유에 어떤 가치가 있는지를 설명하는 글을 읽었다.

연구 결과 사고의 틀을 만들어두는 이런 장치는 위협의 유무나 비판의 출처가 내집단인지 외집단인지와 관계없이 참가자들의 수용성을 높였다. 사람들에게 적절한 핵심 가치를 상기시켜 그들이 방어적 태도를 취할 가능성을 낮춘 것이다.

그러니 방어적 태도가 작용하려는 순간에 그 상황과 관련된 핵심 가치를 잠시 상기해보자. 뭔가 잘못을 저질러 상대방이 화를 낼 때 자신이 어떤 사람이고 무엇을 중요하게 생각하는지 잠시 떠올리는 시간을 갖자. 그러면 위의 연구에서처럼 자신의 가치를 중심으로 경험의 틀을 만들어둘 수 있다.

✢ 방어적 태도를 유발하는 상황 시뮬레이션

방어적으로 반응하게 되는 몇몇 순간을 예측해볼 수도 있다. 어쩌면 감정 상태가 예민해지게 만드는 특정한 사람이나 방어적 태도를 유발하는 특정한 상황이 있을지 모른다. 그런 순간이 언제 나타나는지 파악해두면 대비할 수 있다. 감정에 휩싸이기 전에 상황에 어떻게 대처할지, 어떤 말을 할지 어느 정도 결정해둘 수 있다.

✢ 잠시 멈춰 한발 물러서기

감정이 격해진 상황에서 침착함을 유지하는 방법들은 여기서도 유효하다. 심호흡, 이완, 현재 순간에 의식을 두는 방법 등은 성급히 반응해 후회하는 일이 없도록 도와줄 유용한 수단이다. 하지만 이런 방법을 적용하기에 앞서 잠시 멈출 방법부터 찾아야 한다. 감정이 고조되는 걸 인식하자마자 곧바로 멈춤 버튼을 찾는 건 초점을 되찾는 과정에서 아주 중요한 단계다.

행동과 감정을 구별한다

상대방의 감정은 그가 그런 기분을 느끼며 했던 행동과 관련이 있을지 모르지만 그 두 가지는 별개라는 사실을 항상 기억해야 한다. 누군가 당신에게 화를 낼 수 있고 그가 분노하는 것이 전적으로 타당할 수 있지만, 그렇다고 그가 당신을 자기 맘대로 대해도 된다는 의미는 아니다. 아무리 정당한 분노라도 상대방에게 소리 지르고 상처 주는 잔인한 말을 하는 것이 정당화되지는 못한다. 이 사실을 기억하는 것이 중요한 이유는 두 가지다.

첫째, 특히나 방어적인 태도를 취하려는 기분이 들 땐 상대방의 행동에만 집중하고 그 이면의 감정은 무시하기 쉽다. 상대방의 행동에 주목하면 그의 분노를 무시하게 되는데 그의 분노는 사실 당신의 잘못에서 기인한 정당한 반응일지 모른다.

분노한 상대방의 행동과 감정을 분리해서 생각하려고 노력하면 자신의 잘못을 더 효과적으로 바로잡을 수 있다. '그의 행동은 정당하지 않지만, 그의 분노는 정당하다'라고 되뇔 수 있으면 ① 자신이 실수를 저질렀지만 그 실수로 생긴 문제를 해결하고 싶고 ② 앞으로 더 나은 대우를 기대한다는 사실을 상대방에게 전달해서 상대방의 감정과 행동에 모두 대처하려는 노력을 기울일 수 있다.

둘째, 위에서 지적한 부분의 정반대도 맞는 말이다. 분노한 사람의 행동이 탐탁지 않다고 생각해서 그의 감정을 무시해서는 안 되지만, 그의 정당한 감정이 당신을 함부로 대할 핑계로 쓰여서도 안 된다.

예를 들어 상대방의 비정한 행동에 대해 내가 그에게 한 행동을 생각하면 이런 대우를 받을 만하다는 식으로 말하기도 한다. 물론 상대방에게 피해를 끼쳤으며 그가 화를 낼 만하다는 것은 알지만, 그의 비정한 행동을 용인하지는 않겠단 뜻을 상대방에게 전달하는 것은 전적으로 타당하다. 언제나 그렇듯 인생에 해가 되는 사람이나 상황을 만나면 외면하고 떠나도 괜찮다.

사과할 때 중요한 3가지

상대방이 화내는 것이 타당하며 자신이 저지른 잘못을 보상하고 싶다는 생각이 드는 순간에 우리가 할 수 있는 일은 무엇일까? 자신의 잘못을 늘 바로잡을 수 있는 건 아니지만 가능한 선에서 조처를 할 수는 있다. 그 첫 번째 단계는 아마도 사과하기일 것이다. 사과는 손상된 관계의 회복을 돕고 잘못에 대한 의미 있는 해결의 기회를 열어

주는 아주 중요한 행동이다. 실수에 대한 죄책감이 줄어드는 또 하나의 이로운 효과도 있다.

그런데 방어적 태도를 완전히 내려놓더라도 미안하다는 뜻을 전하기가 여전히 힘들 수 있다. 일단 문제를 해결하기 위해 이 모든 걸 염두에 두고 상대방에게 사과할 때 중요한 세 단계를 살펴보자.

첫 번째는 자신에게 잘못이 있다는 사실을 인정하고 그 사실이 사과의 뜻을 전달하는 언어에 반드시 반영되도록 하는 것이다. '미안해, 하지만'이나 '미안해, 만일'과 같은 표현에는 진정한 사과의 뜻이 배어나지 않을 수도 있다. 하지만 "미안해, 내가 당신 기분을 상하게 했어, 보고서를 완성하지 못했어, 전화하는 걸 깜박했어"와 같은 표현은 자신이 실수를 범했고 그에 대한 책임이 자신에게 있음을 인정하는 것이다.

두 번째는 자기 행동에 후회하거나 애석해하고 있다는 사실을 상대방에게 확실히 알려주는 것이다. 여기서도 이 사실이 언어에 명확히 반영되어야 한다. 예를 들면 "내 행동을 진심으로 후회하고 있어"라거나 "그런 기분이 들게 해서 마음 아프다"와 같이 말한다.

세 번째는 고칠 수 있는 부분은 고쳐볼 수 있도록 시도하고 안 되면 최소한 제안이라도 하는 것이다. 회사에서 맡은 일을 제대로 해내지 못했다면 부정적 영향을 최소화할 수 있도록 상대방과 함께 문제를 해결해 나간다. 상대방의 신뢰를 저버렸다면 다음에 그런 일이 없도록 노력하겠다는 뜻을 전한다.

이러한 상황 중 일부는 해결하는 데 시간이 걸릴 수 있다. 사과했으니 곧바로 상대방의 화가 많이 풀렸을 것이라고 기대하는 건 불합리하고 부당하다. 용서에는 상당한 시간과 에너지가 들기도 하며 아무리 깊고 진심 어린 마음으로 사과하더라도 이미 벌어진 잠재적인 피해를 되돌릴 수는 없다.

화나서 소통을 거부하는 경우

물론 화난 사람 모두가 상대방과 소통하고 싶어 하지는 않는다. 이미 잘 알고 있듯이 분노는 다양한 방식으로 표출될 수 있으며 때로는 화난 사람이 입을 꾹 닫고 침묵을 지키기도 한다. 화난 사람이 대화에 응하지 않을 땐 어떻게 대처해야 할까? 화났다는 사실조차 인정하지 않는다면 어떻게 해야 할까? 이에 대해서 다음 장에서 이야기 나눠보자.

06

연락을 끊은 사람과의 순조로운 대화법

갑자기 연락을 차단한 친구

앤은 화나서 연락을 끊어버린 친구를 어쩌면 좋을지 몰라서 나를 찾아왔다. 사소한 일로 시작된 의견 다툼이 큰 싸움으로 번졌고 앤은 친구의 마음에 상처를 줬다. 그 뒤로 친구는 완전히 연락을 끊었다. 전화를 해도 문자 메시지를 보내도 답이 없었다. 캠퍼스에서 우연히 마주쳤을 때는 아무 말도 하지 않고 눈도 마주치지 않은 채 그냥 지나쳐버렸다.

앤은 큰 충격을 받았다. 친구가 그리웠고 친구를 마음 상하게 했던 걸 후회했다. 그런데 관계가 소원해진 책임이 전적으로 자신에게 있다고는 생각하지 않았기 때문에 상황이 좀 더 복잡하게 꼬여 있었다.

두 사람은 말싸움 중에 도를 넘을 정도로 화를 냈고 상처 주는 말을 주고받았으며 둘 다 화를 낼 충분한 이유가 있었다고 앤은 말했다. 그녀는 우정을 되돌리는 것이 전적으로 자신의 역할이라고는 생각하지 않았지만 친구가 아무 노력도 하지 않을 것임을 잘 알았다. 그리고 이점 때문에 더 기분이 나빴다.

앤과 친구 사이에 벌어진 상황은 분명 관계 문제이지만 분노 문제이기도 했다. 문제의 핵심은 두 사람이 서로에게 화가 났으며 한 사람이 상대방에게 연락을 끊는 것으로 분노를 표출하고 있다는 사실이었다. 앤은 연락을 차단한 친구의 행동을 우정을 지속하는 데 관심이 없다는 뜻으로 해석했는데 이것은 사실일 수도 있지만 그렇지 않을 수도 있다.

상대방이 화가 나서 연락을 끊는다면 그 이유가 무엇일지 곰곰이 생각해보자. 갈등으로 상처받고 마음 상해서 당신을 조종하려는 걸까? 관계를 단절하고 싶은 걸까? 아니면 다른 목적이 있는 걸까? 이 질문에 답하는 과정은 이 문제를 상대방과 어떻게 해결해 갈지를 들여다볼 창이 된다.

"감정을 추스르는 건 제 몫이 아니죠"

이번 장을 집필하면서 사람들이 이와 같은 상황에 어떻게 대처할지 궁금해졌다. 그래서 소셜미디어로 의견을 물었다. 이 질문을 담은 틱톡 영상을 올렸더니 몇 시간 만에 댓글이 2백 개나 달렸다. 사람들은 다음과 같은 다양한 답변을 제시했다.

"상황에 따라 다르겠지만... 그래도 제가 소중히 여기는 사람이면 문자로 연락해서 어떻게 지내는지 관계를 회복하기 위해 제가 뭘 할 수 있을지 물어볼 거예요."

"저라면 그에 대해서 이야기하고 싶지 않다는 뜻으로 받아들일 것 같아요. 말을 안 하겠다는 그 사람의 선택을 존중해서 거리를 두고 기다리겠어요. 그러다가 그가 원할 때 대화를 나눌 거예요."

"욕구나 불만을 전달하는 건 그 사람 책임이에요. 얘기해보라고 억지로 밀어붙일 수는 없는 거죠."

"할 말이 있는지 일단 한번 물어보고 제약 없이 가볍게 '언제든 이 문제에 대해 얘기하고 싶으면 편히 해도 돼'라고 말하고서 그냥 내버려둘 거예요."

"저라면 그냥 모른 척하겠어요. 아무 일 없었다는 듯이요. 그러다가 지치면 저한테 와서 얘기하거나 아니면 그냥 멀어지겠죠. 어느 쪽이든 그 사람의 선택이에요. 그래야만 하고요."

사람들의 생각을 대략 정리하면 이랬다. '언젠가 한번 연락해서 내가 떠나지 않았다는 것을 알리고 아무것도 하지 않겠다. 그건 그 사람 문제다. 그의 감정을 추스르는 건 내 일이 아니다.' 그런데 몇 안 되는 소수 의견 중에 이런 상황에 정말 중요한 점을 지적한 것도 있었다. 앤의 친구가 왜 연락을 끊었는지 정확히 알 수 없다는 것이었다.

응답자 중 많은 사람은 관계를 유지하고 싶지 않아서 연락을 끊은 것이라고 추측했다. 그녀의 친구가 미성숙하고 교활하다고 생각하거나 심지어 다시 친구가 되어 달라고 빌게 만들려는 계략이라고 생각하는 사람들도 있었다.

모두 가능한 추측이지만 그 밖의 이유였을 수도 있다. 분노는 다양한 방식으로 표현될 수 있으며 표현 방식이 의도적이거나 계획적이지 않을 수도 있다는 사실을 기억하자. 어쩌면 연락을 차단한 건 단순히 당사자가 가장 편하게 여기는 표현 방식이거나 가장 좋은 분노 표현의 예로 그 사람이 배웠던 방법일지도 모른다.

대표적인 회피 원인 5가지

상황이 앤의 경우처럼 항상 극적으로 진행되는 건 아니다. 때로는 상대방이 대놓고 나를 회피하기도 한다. 전화를 해도 안 받고 이메일이나 문자를 보내도 답을 안 하고 직접 마주쳐도 못 본 척하기도 한다.

또는 관계를 완전히 끊은 건 아니지만 연락과 접촉을 일시적으로 중단했을지 모른다. 연락하면 답을 하기는 해도 상대방의 대응이 갈수록 차가워지고 대화의 깊이가 예전보다 훨씬 얕아지는 경우도 있다. 상대방의 분노가 장기적으로 부정적인 영향을 미쳐서 관계가 틀어졌을 수도 있다.

그런데 상대방이 그렇게 행동한 원인은 우리가 생각한 것과 다르거나 최소한 처음에 생각했던 것보다 훨씬 복잡할지 모른다. 물론 의견 충돌이 분노로 연결된 것은 맞지만 연락을 끊은 이유가 분노 때문이라고 단정 지을 수는 없다. 앤의 친구가 그랬듯 연락을 끊는 건 단순히 화가 나기 때문일 수도 있지만 다른 이유가 작용했을 수 있다.

그런데 한 가지 짚고 넘어갈 점은 이 주제에 관한 거의 모든 연구가 연인 관계에서 한 사람이 관계를 정리하지 않은 채로 돌연 종적을 감추는 잠수 이별ghosting 을 다룬 것이어서 연인 관계 기준으로 다른 관계에 추정 적용해야 한다는 점이다. 몇 가지 가능한 설명을 들면 다음과 같다.

⚘ 당혹감

때로는 말다툼 중에 했던 자신의 행동이 부끄러워 이런 식으로 소통을 차단하기도 한다. 자각하지 못하면서 그럴 수도 있고 의도적으로 그럴 수도 있지만 어쨌든 다퉜던 사람에게 연락하는 건 불편했던 상황을 다시 마주해야 한다는 의미다. 수치심이 들고 상대방이 어떻게 생각할지가 걱정스러워서 회피가 그런 불편을 최소화하는 길이라고 생각한다. 상대방과 연락을 끊으면 자신이 했던 말이나 행동을 다시 돌아볼 필요가 없다.

⟡ 슬픔, 상처, 우울함

깊은 슬픔이나 우울함 때문에 연락을 안 하는 경우도 있다. 분노의 감정이 상대방의 행동이나 말에서 상처받은 감정으로 바뀐 것이다. 구체적인 행동이나 말 때문이 아니라 단순히 상대방이 동의하지 않았다는 사실에 감정적 고통을 느꼈고 이럴 때 연락하면 상처가 더 악화될 수 있어 연락을 피하는 것일지 모른다.

⟡ 갈등으로 인한 불편함

갈등은 힘든 과정이며 큰 불편과 불안을 낳기도 한다. 상대방이 침묵하며 연락을 피할 땐 단순히 자신에게 아주 힘든 일을 피하려는 시도일지 모른다. 회피는 두려움과 불안에 대한 자연스럽고 일반적인 반응이며 그들이 느끼는 괴로움은 관계를 피하도록 부추긴다.

⟡ 수동적 공격 성향의 조작

갈등 관계인 상대방에게 상처를 주려는 수동적 공격 성향이 연락을 끊는 이유일 수도 있다. 즉 연락을 차단하는 것이 상대방에게 상처가 된다는 것을 알고 의도적으로 그렇게 행동하는 것이다. 또는 관계를 잃게 돼도 상관없다는 메시지를 상대방에게 보냄으로써 관계에서 우위를 점유하려는 시도일지 모른다. 이들은 상대방이 사과하거나 용서를 구하기를 바란다.

⚡ 관계를 정리하고 싶은 진정한 욕구

정말로 관계를 정리하고 싶어서 연락을 끊는 것도 불가능한 일은 아니다. 슬픔, 상처, 당혹감, 갈등으로 인한 불편함을 포함한 여러 감정으로 인해 그런 결심을 할 수 있다. 이런 사람들은 다른 건 개의치 않고 그저 우정을 정리하고 새로운 관계를 시작하고 싶어 한다. 이런 결정은 그다지 성숙한 대처 방식은 아니지만 꽤 흔한 일이다.

회피하는 사람을 상대하는 법

그럼 이런 상황에서 어떻게 해야 할까? 어떻게 하면 화나서 연락을 아예 끊어버린 사람과의 관계에 효과적으로 대처할 수 있을까?

⚡ 상대방이 연락을 끊은 이유를 파악한다

상황별로 다른 해결책이 필요할 수 있으므로 다양한 이유를 파악하는 것은 중요하다. 예컨대 자신이 했던 행동이나 말이 부끄러워서 연락을 끊은 사람은 화가 나더라도 상대방과의 갈등을 피하고 싶어서 연락을 끊은 사람과는 다른 식으로 대응해야 한다. 두 경우 모두 온화한 태도가 필요하겠지만 갈등을 피하려고 연락을 끊은 사람의 경우는 본인이 하고 싶었던 말을 할 수 있도록 약간의 수용과 설득이 필요할지 모른다.

그런데 막상 원인을 알고 나면 그에 대해서 아무것도 하고 싶지 않은 기분이 들 수도 있다. 예를 들어 상대방이 상황을 조종하거나 소극적인 공격 성향을 드러낸 것임을 알게 되면 에너지를 투자할 가치가 없는 관계라고 판단할지 모른다.

갈등을 피하려고 연락을 끊었다는 것을 알게 되더라도 그 사람과 함께하고 싶지 않다는 생각이 들 수 있다. 또 소셜미디어에서 많은 사람이 말했듯이 타인의 감정을 추스를 책임은 자신에게 없다고 결정하기도 한다. 관계의 본질과 상대방이 내게 어떤 의미가 있는지에 따라서 이런 결정이 합리적 선택이 될 수도 있다.

✦ 관계를 위해 노력할 의향이 있는지 고려한다

상황 특성상 상대방이 소통을 거부하는 관계를 회복하려면 내 쪽에서의 노력이 필요하다. 최소한 침묵을 깨기 위해 상대방에게 연락을 취해야 한다. 그 이상의 노력이 필요할 때도 있다. 관계를 지키려면 자기 행동에 대해 사과해야 할 수도 있는데 자신에게 전적인 책임이 있지 않다고 느낄 때조차 그래야 한다.

상대방의 감정을 보호하기 위해 자신의 감정을 일부 억눌러야 할 수도 있다. 따라서 이 관계가 자신에게 어떤 의미가 있고 관계를 지키기 위해서 어떤 걸 기꺼이 감수할 수 있는지 결정해야 한다.

이런 결정을 내릴 땐 고려할 사항이 많다. 이를테면 그 사람이 당신의 인생에서 어떤 관계인지, 당신 인생의 다른 사람들과 어떤 관계를 맺고 있는지, 그 사람이 당신의 삶과 감정에 미치는 영향은 어떤지 등이다. 이런 추가적인 역학은 상황에 중대한 작용을 한다. 관계를 지속하기 위해 당신이 내리는 선택은 상대방이 어떤 사람인지, 당신의 삶에서 어떤 의미가 있는지에 좌우될 것이다.

⟡ 무엇이 가장 중요한지 떠올린다

앞에서 분노한 사람들과 대화할 때 목표를 염두에 두는 것은 중요하다고 말했다. 이는 지금과 같은 상황에도 여전히 유효하다. 화내며 연락을 끊은 사람에게 연락을 취하려 할 때, 목표는 무엇이며 그 목표를 어떻게 달성할 수 있을까? 관계를 유지하고 싶은가? 다툼의 원인이 어떤 것이었든 당신이 어떻게 생각하는지를 상대방이 이해하는지 확인하고 싶은가? 마지막 말을 건네고 작별 인사를 전하고 싶은가?

각 목표에는 각기 다른 접근 방식이 필요하다. 예를 들어 관계를 유지하려면 꼭 하고 싶은 말을 하지 말아야 할 수도 있다. 상대방에게 자신의 입장을 이해시키려면 상대방에게 부담을 주더라도 솔직하게 말해야 한다. 목표와 목표에 도달하는 방법에 대해 신중하게 생각하되 상대방이 원하는 것이 무엇인지에 대해서도 유연하게 고려하자.

☽ 결정은 그들에게 달려있다

연락하기로 마음먹었다면 두 사람 모두에게 가장 적합한 수단으로 연락한다. 예를 들어 에브라임의 경우 어려운 대화를 나눌 때 문자 메시지가 아주 유용하다고 생각했다. 문자 메시지를 이용하면 깊이 생각하고 할 말을 정리할 시간을 가질 수 있어서 좋다고 했다. 이런 측면은 모두에게 도움이 될 수 있다.

어떤 방법을 통해 연락하든 직설적이면서도 적대적이지 않은 방식으로 상대방에게 자신의 감정을 알리고 다음 단계로 나아갈 수 있게 상대방을 북돋는다. 예를 들면 "아무래도 나한테 아직 화가 난 것 같은데 이에 대해서 이야기 나누고 싶어. 얘기할 준비가 되면 알려줘"와 같은 식으로 말이다. 만나거나 통화할 시간을 미리 정해둬도 좋다. 그렇게 하면 대화에 앞서 마음의 준비를 하고 계획할 기회가 생긴다.

☽ 열린 마음으로 상대방의 피드백을 경청한다

직접 만나거나 문자나 이메일로 소통할 기회를 얻으면 유연하고 열린 자세로 피드백에 귀를 기울이자. 열린 마음으로 상대방의 입장을 경청하는 게 중요하다. 이런 상황에서 방어적 성향이 나타나는 것은 자연스럽고 정상적인 반응이다. 상대방의 말에 공격받는 느낌이 들 수 있으므로 이런 감정에 미리 대비한다. 가장 중요하다고 생각한 내용을 중심으로 할 말을 미리 계획하고 대화에 임하되 대화가 예측했던 것과 다른 방향으로 흘러갈 가능성도 대비한다. 상황을 유발한 문제를 해결하려면 공동의 노력이 필요하기 때문에 해결책을 찾기 위해 함께 노력할 준비가 되어야 한다.

⟨ 필요할 땐 포기할 줄도 알아야 한다

이런 말을 듣고 싶지 않을지 모르겠지만, 포기해야 하는 시점이 올 수도 있다. 상대방이 연락을 끊은 이유가 관계를 정리하고 싶은 진정한 욕구 때문일 수 있다는 점을 기억하자. 그 경우에는 상대방의 마음을 바꾸기 위해 할 수 있는 일이 없을 것이다. 상대방이 원하지 않는다고 분명히 밝혔는데 계속해서 관계를 회복하려고 노력하는 것도 무례한 행동일 수 있다. 상대방의 말을 경청한다는 건 그의 의사를 존중하고 그가 원하지 않을 땐 물러서는 걸 의미한다.

어쩌면 일련의 과정을 거치면서 더는 그 사람과 관계 맺고 싶지 않다는 결심이 설 수도 있다. 관계를 유지하기가 너무 힘들고 관계가 자신에게 이롭지 않다는 판단이 들지 모른다. 관계를 유지하려다 보니 예상치 못한 감정적 결과가 나타나고 전체적인 상황을 고려할 때 그 결과를 감수할 가치가 없다는 생각이 들기도 한다. 그래도 괜찮으니 크게 염려하지 않아도 된다.

⟨ 자기 자신을 돌본다

연락을 차단한 사람과의 상호작용은 감정적으로 부담이 될 수밖에 없다. 힘든 대화를 나누면 감정적으로 지치고 불편해지기도 한다. 휴식을 취하고 상황과 어느 정도 거리를 두기 위해 잠시 휴식시간을 갖거나 일과를 일찍 마쳐야 할 수도 있다. 차분한 마음을 유지하는 전략이 여기서 상당히 중요할지 모른다.

동시에 상대방이 응답하지 않아서 대화를 전혀 나눌 수 없다면 다른 방식으로 지치고 고통스러울지 모른다. 더는 친분을 나누고 싶지 않다는 상대방의 결정은 이유와 관계없이 상처와 괴로움을 준다. 이럴 땐 스스로를 탓하게 되고 수치심과 죄책감이 들기도 한다. 따라서 일단은 자기 자신부터 돌보고 충격에서 빨리 회복하기 위해 할 수 있는 모든 노력을 기울여야 한다.

상실 극복을 위하여

앤이 맞이한 결과는 그다지 유쾌하지 않았다. 앤은 이메일로 친구에게 연락해서 일어난 일에 대해 이야기 나눌 기회를 달라고 부탁했고 심지어 잘못에 대해 사과까지 했다. 하지만 친구가 보내온 답장은 적대적이었다. 그녀는 더 이상 친구로 지내고 싶지 않다는 의사를 분명하게 전했다. 앤은 상처받았고 상담 치료의 초점은 '어떻게 하면 친구 관계를 회복할까?'에서 '이 상실을 어떻게 극복할 수 있을까?'로 곧바로 전환됐다.

나는 그녀의 사례를 지켜보면서 분노가 담긴 이메일에 어떤 식으로 대처하는 것이 좋을 것인가라는 흥미로운 질문을 머릿속에 떠올렸다. 더 넓게 생각해 소셜미디어, 문자 메시지, 데이트 앱 등 다양한 형태의 전자 분노에 어떻게 대처하면 좋을까? 우리가 경험한 분노의 상당 부분은 대면 소통이 아니라 화면을 통한 소통에서 발생한다. 인터넷에서 적대감을 헤쳐 나갈 효과적인 방법은 무엇일까? 다음 장에서 이에 대해 살펴볼 것이다.

07

편향된 감정에 휩쓸리지 않는 법

2014년에 루이 팬Rui Fan과 동료들은 몇 가지 감정의 온라인 전염성을 확인하기 위한 연구를 진행했다. 그들은 어떤 감정이 소셜미디어에서 가장 빠르게 확산되는지 알고 싶었다. 이들은 트위터와 유사한 중국 소셜미디어 플랫폼 웨이보를 이용해 27만 8천여 명의 사용자가 작성한 약 7천만 개의 게시물을 수집했다.

그리고 이모티콘 사용, 대문자 사용 등 몇 가지 요소를 바탕으로 이런 게시물의 감정을 혐오, 슬픔, 기쁨, 분노의 4가지 항목으로 분류했다. 그런 다음 어떤 게시물이 사용자들에게 '좋아요'를 받거나 공유될 가능성이 높은지 조사했다.

연구팀이 발견한 사실은 흥미로웠다. 지난 10년 동안 온라인에서 상당한 시간을 보냈던 사람이라면 쉽게 예측할 만한 결과였다. 사람들은 혐오감이나 슬픔과 관련된 게시물은 일반적으로 잘 공유하지 않았다. 기쁨과 관련된 게시물은 원본을 공유한 사람과 팔로우하는 사이일 때 주로 공유됐다. 하지만 분노 게시물은 그 사람을 팔로우하는지와 상관없이 공유됐다.

사람들은 다른 사람의 기쁨에 대해서는 아는 사이일 때 공유했지만 분노에 대해서는 아는 사람이든 모르는 사람이든 공유했다. 연구원들은 분노가 사회에 대한 부정적인 뉴스의 대규모 전파에 무시할 수 없는 역할을 하고 있을 것으로 추측했다. 실제로 2016년과 2020년 미국 대선은 분노의 감정에 크게 좌우됐으며 그 분노의 대부분은 소셜미디어를 통해 전파됐다.

위협받는 우리의 정서적 삶

위 연구가 우리에게 진정으로 알려주는 사실은 대부분 사람들이 이미 잘 알고 있듯이 온라인에서 분노는 어디에나 존재한다는 사실이다. 온라인에서 사람들과 소통할 때 아마도 분노한 사람들을 적게는 일주일에 두어 번, 많게는 하루에 두어 번씩 마주칠 것이다. 이메일,

문자, 메신저로 소통하는 사람일 수도 있고 소셜미디어에서 어쩌다 한번 마주친 낯선 사람일 수도 있다. 여기서 흥미로운 점은 낯선 사람과 온라인에서 논쟁을 벌일 때의 결과는 친구와 논쟁을 벌일 때의 결과와 다를 수 있지만, 분노를 일으킨 원인은 매우 유사하다는 점이다.

온라인에서 분노한 사람들을 자주 접하는 이유는 비교적 간단하게 설명할 수 있다. 소셜미디어, 이메일, 문자 메시지 같은 전자적 형태의 의사소통이 감정을 경험하고 표현하는 방식에 큰 변화를 가져왔기 때문이다. 소셜미디어는 감정을 표현할 새로운 장을 마련했고 반응할 수 있는 추가적인 자극을 제공했으며 심지어 이런 자극을 해석하는 방식까지 변화시켰다.

☽ 감정을 느낄 기회의 증가

나는 아침에 일어나면 우선 커피부터 내린다. 커피가 추출되는 동안, 페이스북이나 트위터, 그 밖의 소셜미디어 플랫폼을 열어서 지난밤 마지막으로 확인했을 때로부터 약 10시간 동안에 무슨 일이 있었는지를 살펴본다.

이 과정에서 감정적으로 반응할 수 있는 온갖 자극에 노출된다. 오랜 친구가 결혼한다는 소식에 기뻐하고 소중한 사람이 아프다는 소식에 슬퍼하고 동료가 공유한 정치 뉴스를 보며 분노하기도 한다. 이런 기회는 15년 전이었다면 거의 없었다. 연락이 끊긴 지 한참 됐기 때문에 오랜 친구가 결혼한다는 소식을 예전 같으면 전해 듣지 못했을 것이다. 소식을 접한 덕분에 소셜미디어가 없던 시절이었다면 느끼지 못했을 행복감을 느낄 수 있게 됐다.

이런 변화가 나타나면서 우리는 이제 온종일 크고 작은 감정적 경험을 하게 됐다. 그런데 소셜미디어뿐만이 아니다. 우리는 이제 예전과는 전혀 다른 방식으로 뉴스 매체와 연결된다. 수십 년 전만 해도 사람들 대부분은 조간신문이나 텔레비전의 저녁 뉴스 보도로 하루에 잠깐만 뉴스를 접했다.

하지만 지금은 앱이나 이메일 알림으로 시시각각 뉴스를 확인할 수 있다. 설령 이런 현대적인 기술을 멀리하기로 선택하더라도 뉴스 미디어가 편재하는 세상이기 때문에 긴밀히 연결된 친구, 동료, 가족을 통해 예전보다 뉴스를 더 자주 접할 수밖에 없다. 뉴스 콘텐츠는 감정이 배제된 내용물이 아니기 때문에 결국 소셜미디어와 마찬가지로 우리의 정서적 삶에 영향을 미친다. 즉 감정을 느낄 기회가 또 하나 추가되는 것이다.

새로운 장소와 새로운 언어

문자 메시지, 이메일, 소셜미디어 같은 전자적 형태의 의사소통은 사람들에게 감정을 표현할 장소와 언어를 확대했다. 이제는 누군가에게 화났을 때 과거엔 불가능했던 방식으로 분노를 전달할 수 있다. 잘못을 저지른 사람에게 이메일로 분노를 쏟아내거나 화나게 만든 회사에 직접 트윗하거나 친구들이 볼 수 있게 페이스북에 글을 올릴 수 있다. 이는 다른 것들과는 근본적으로 다른 분노 표현 방식이며 우리 각자와 주변 세계에 큰 영향을 미친다. 이런 장소를 익명의 장소나 최소한 사용자에게 익명으로 느껴지는 곳으로 만들면 분노가 빠른 속도로 확산된다.

인터넷과 정보통신 기술은 우리에게 분노를 표현할 새로운 언어도 제공했다. 처음에는 :-)와 같은 초보적인 이모티콘으로 시작됐을지 모르지만 지금은 훨씬 복잡하고 매력적인 표현 방식으로 진화했다. 이모티콘, 해시태그, 밈, GIF는 유머러스한 방식으로나 그렇지 않은 방식으로 모두 분노를 공유하는 데 사용된다.

한편 유튜브, 틱톡, 인스타그램 같은 채널에는 사람들을 분노하게 만드는 것에 폭언하는 동영상이 가득하다. 분노를 표현하는 동영상을 쉽게 만들고 편집할 수 있다는 사실 역시 과거와 크게 달라진 점이다. 덧붙여 소셜미디어는 수동적 공격으로 분노를 표현할 기회의 문도 열었다. 분노한 사람들은 소셜미디어로 근거 없는 소문을 퍼뜨리거나 공개적으로 사람들에게 망신주기도 한다.

편향된 관점이 가득한 소셜미디어

온라인에서 특정 순간에 우리가 하는 행동은 우리의 기분 상태를 바꿔놓아서 자극을 받으면 화를 낼 가능성이 높아지게 한다. 그런 사례 한 가지는 제니 라데스키Dr. Jenny Radesky와 동료들이 패스트푸드점에서 보호자가 자녀와 상호작용하는 모습을 관찰한 연구에서 밝혀졌다. 연구팀은 보호자 대부분이 식사 중에 휴대전화를 사용했으며 휴대전화를 사용할 때 자녀를 더 가혹하게 대한다는 사실을 발견했다. 그 순간에 통신기기를 사용하는 행동은 본질적으로 폭발의 도화선을 단축해서 분노가 촉발될 가능성을 높였다.

더 광범위한 방식으로 변화를 일으키는 요인도 있다. 온라인에서 우리가 소비한 정보는 우리가 세상을 보는 방식을 바꾸어 놓는다. 분노한 사람들의 세계관이 그들이 소비한 온라인 콘텐츠에 좌우되는 경우가 많다. 사람들은 미디어에 노출된 콘텐츠로 타인에게 특정한 원칙 강요하기, 성급하게 결론 내리기, 지나친 일반화, 재앙적 사고 등 사고방식을 갖게 된다.

소셜미디어 피드에는 대개 비슷한 가치관을 가진 사람들의 콘텐츠를 추천하기 때문에 소셜미디어 사용자는 자신과 의견이 같은 사람들로 둘러싸인 반향실反響室에 갇혀 사는 셈이다. 이들은 소중한 다른 관점을 놓치고 다른 사람도 자신과 같은 방식으로 세상을 바라봐야 한다고 믿기 시작한다. 이렇게 되면 세상을 달리 보는 사람들에게 공감할 수도 그들을 이해할 수도 없게 된다. 우리와 소통하는 사람들은 트윗이나 페이스북 게시물로 파악할 수 없는 저마다의 구체적인 생각과 의지를 품고 살아가는 사람이라는 사실을 기억하자.

온라인에서 분노가 더 빨리 퍼지는 원인

온라인에서 분노의 무시할 수 없는 역할을 조사한 2014년 연구를 처음 읽었을 때 수많은 생각이 들었다. 연구 결과에 놀랐다기보다는 왜 이런 결과가 나왔는지 알고 싶었다. 소셜미디어와 이메일을 포함한 모든 인터넷의 어떤 점이 그런 큰 분노와 적대감을 불러일으키는 걸까? 분노는 왜 이렇게 빨리 퍼질까?

이런 질문의 답은 분노와 적대감을 유발하는 또 다른 활동인 운전과 비교함으로써 어느 정도 찾을 수 있다. 온라인에 연결되어 있을 때와 차에서 운전할 때 하는 활동에는 분노를 불러일으키는 요소가 있다.

관계 맺는 사람들과 멀리 떨어져 있음

전자수단을 이용해 누군가와 소통할 땐 운전 중일 때와 마찬가지로 상대방에게서 멀리 떨어져 있다. 그래서 내 말이나 행동이 상대방에게 어떤 영향을 미치는지 알 수 없다. 이런 물리적 거리감은 사람들이 적대적이고 잔인한 방식으로 분노를 표출하기 쉽게 만든다. 대화할 때 상대방의 눈을 쳐다보지 않으면 상처 주는 말을 하기가 더 쉽다는 걸 생각하면 이해될 것이다.

익명성

실제로는 익명이 보장되지 않더라도 사람들은 온라인에 있을 때 익명성이 보장된 것으로 느낀다고 종종 보고된다. 2016년 두 명의 연구원이 익명성이 온라인 상호작용에 미치는 영향을 조사했다. 참가자들은 다른 사람들과 한 팀을 이뤄서 답을 찾아내면 상품을 받을 것으로 믿고 단어 조합하기 퀴즈를 열심히 풀었다.

하지만 이 활동은 참가자가 답을 구할 수 없게 조작됐으며 참가자들과 팀을 이룬 사람은 실제 참가자가 아니라 실험 진행요원이었다. 활동이 끝난 뒤 참가자들은 퀴즈를 풀었던 경험을 블로그 게시물로 작성해 올려야 했는데 절반은 익명으로 나머지 절반은 신원을 밝히는 조건에서 글을 게시했다. 분석 결과 익명이었던 집단은 익명이 아니었던 집단보다 '파트너'에 대해 더 적대적이고 공격적으로 묘사했다.

이와 관련해 약간 걱정스러운 부분은 익명성이 영향을 준다는 사실을 사람들이 인식하지 못하는 것 같다는 점이다. 온라인에서의 폭언을 조사하기 위해 내가 수행했던 2013년 연구에서 참가자의 67퍼센트는 익명이 아니어도 온라인에서 폭언을 할 것이라고 답했다. 이들은 익명성이 보장되는지 여부는 자신의 행동 방식에 어떤 변화도 주지 않을 것이라고 했다. 하지만 위 연구 결과에서 보이듯이 이는 사실이 아니며 익명성은 우리 행동에 영향을 미친다. 익명성이나 익명이 보장된다는 생각이 자신의 행동에 어떤 식으로 영향을 미치는지 인식하지 못하는 사람은 아마도 우리 주위에 많을 것이다.

로젠탈 박사가 온라인 세계의 군중에 대해 했던 말을 떠올리지 않을 수 없다. 사람들이 혼자서는 하지 않을 행동을 집단으로 하는 이유 중 하나는 군중 속에 있을 때 익명성을 느끼기 때문이다. 오프라인에서 군중의 행동을 특정한 방향으로 몰아가는 것과 똑같은 심리적 원리가 온라인 군중의 행동에도 작용할지 모른다.

더 심각해진 충동성

우리가 분노 문제라고 생각하는 문제 대부분은 실제로는 충동성 문제일지 모른다. 그 말은 많은 사람이 화를 내지만 그런 분노를 스스로 조절한다는 뜻도 된다. 비정한 말이나 행동을 하지 않는 건 그런 생각을 하지 않거나 하고 싶지 않아서가 아니라 충동적으로 행동하지 않도록 제어할 수 있어서다. 하지만 어떤 사람들은 화가 나면 나중에 후회할 말이나 행동을 하면서 충동적으로 분노를 표출한다.

온라인 플랫폼의 특성은 충동성을 부채질하기에 딱 알맞다. 2016년 〈란셋 정신의학〉에 실린 어느 논문은 온라인 충동성을 '공중 보건 문제'로 지칭하면서 온라인 환경에서 충동성이 심화되는 여러 방식을 설명했다. 이 논문에서는 익명성이 가장 큰 문제라고 보았지만 덧붙여 오프라인 환경에 존재하는 통제가 온라인에는 없다는 점도 문제라고 지적했다. 오프라인에서는 경찰이나 교사, 부모 등 영향력을 가진 사람에게 처벌받을지 모른다는 두려움이 있지만 온라인에는 없기 때문에 적대적이고 잔인하고 폭력적인 행동을 하더라도 오프라인에서보다 더 안전하다고 느끼는 경향이 있다.

☾ 보상과 모델링

소셜미디어에서 발생하는 특이하지만 중요한 역학 한 가지는 사람들이 적대감에 보상과 격려를 받는 상황이다. 예를 들어 분노 감정이 담긴 트윗은 분노와 관련 없는 트윗보다 좋아요를 더 많이 받고 더 많이 리트윗된다.

이 말은 게시자가 분노가 담겼거나 다른 사람의 분노를 유발하는 게시물을 올리면 '좋아요'를 더 많이 받고 공유될 가능성도 더 높아진다는 뜻이다. 이는 행동주의의 기본과도 관련이 있다. 사람들은 보상받는 방식으로 감정을 표현하기 때문에 분노, 적대감, 공격성에 대해 보상받으면 계속 그런 행동을 하게 된다.

물론 감정 표현이 보상과 처벌의 영향에 전적으로 좌우되는 건 아니다. 모델링도 중요한 역할을 한다. 사람들은 다른 사람, 특히 자신과 비슷하거나 더 높은 지위에 있는 사람이 하는 말과 행동을 보고 따라 한다. 그래서 이미 화가 난 상태에서 소셜미디어를 접하면 대개 더 큰 분노를 불러일으킨다.

소셜미디어를 분노, 적대감, 잔인함의 도구로 사용하는 유명인과 정치인의 존재는 이것이 허용되는 감정 표현 방식이라는 본보기를 제시한다. 게다가 앞서 말했듯이 온라인상의 적대감과 분노는 그 자체로도 이미 더 큰 적대감을 불러일으키는 경향이 있다.

온라인 분노에 대처하는 5가지 전략

이 책에서 이미 소개한 많은 전략이 여기서도 유효하다. 예를 들어 목표를 염두에 두고 침착함을 유지하고 화내는 것이 정당한지 생각해봐야 한다. 온라인에서는 대체로 마음을 가라앉히고 어떻게 대응할지 차분히 생각할 시간이 있어서 어떤 면에서는 그런 조언을 따르기가 조금 더 쉽다.

그런데 온라인에서 분노에 대처할 때 특별히 고려해야 할 점도 물론 몇 가지 있다. 이런 전략을 따를 때의 기본은 자기 자신의 분노로 온라인 분노에 기름을 붓지 않도록 해야 한다는 점이다.

① 기다리기

대학생 때 학생들이 각자 성적을 확인한 뒤로 24시간 동안은 성적에 대한 질문을 허용하지 않는 교수님이 있었다. 대화를 나누기 전에 성적에 대한 감정적 반응이 사라지기를 기다리려고 그렇게 하는 것이라고 했었다. 24시간이 특별한 효과가 있는 마법의 숫자인지는 모르겠지만, 대응하기 전에 얼마간의 시간을 두는 데는 그럴 만한 이유가 있다.

상대방이 당신에게 화를 내면 당신 역시 감정적인 상태가 된다는 사실을 기억하자. 이럴 때 대응하기 전에 어느 정도 시간을 두면 그 감정이 가라앉으며 머리를 맑게 하는 데에 도움이 된다. 이런 부분은 온라인에서 분노를 다룰 때의 장점 중 하나다. 보통은 즉시 응답할 필요가 없기 때문에 시간을 두고 충분히 생각할 수 있다.

감정은 비교적 짧은 시간 내에 사라지므로 상황을 다르게 바라보려고 할 때 20~30분 정도 기다리면 충분하다. 본인의 감정이 사라질 때까지 기다리는 것도 유용한 전략이다. 직접 만나서 하는 대화에서는 그러기가 힘들겠지만 온라인에서는 상대방에게 대응할지, 한다면 어떤 식으로 대응할지를 결정할 시간이 아마도 있을 것이다.

② 청중 배제하기

예전에 청소년 쉼터에서 일한 적이 있는데, 논쟁을 처리하는 법과 관련해 가장 먼저 배운 요령은 청중을 배제하는 것이다. 갈등 상황을 다른 아이들이 지켜보면 모든 상황이 더 복잡해진다는 데서 나온 접근방식이었다. 문제 당사자인 아이는 친구들 앞에서 체면을 구기고 싶지 않을 것이고 다른 아이들이 그 자리에 있으면 의도적으로 갈등을 부추기는 행동을 할 수도 있다. 개입하려는 사람은 특정 방식으로 행동해야 한다는 압박감을 느낄 수 있다. 이런 상황 조건은 온라인 분노에 대처할 때도 마찬가지로 적용된다. 분노한 사람들과의 상호작용을 위해 소셜미디어를 사용하면 다른 사용자들의 시선이 있어서 상황이 더 복잡하고 어려워질 것이다.

그러므로 다른 방식으로 소통하는 편이 좋다. 물론 그때 적당한 소통방식은 상대방과의 관계에 따라 달라진다. 기술적으로 가능한 상황이라면 쪽지나 이메일이 좋은 도구가 된다. 청중을 배제할 수 있기 때문이다. 상대방에게 전화를 걸거나 대화할 시간을 미리 정하는 것도 좋다. 위에서 설명했듯 거리가 적대감을 악화시킬 수 있다는 점을 고려하면 직접 만나서 대화하는 것이 더 나은 선택일 수도 있다.

③ 화난 표정 이모티콘 피하기

온라인 의사소통의 흥미로운 점 한 가지는 자신의 감정을 말로 진술하지 않고 다른 방식으로 표현하려는 시도가 아주 많다는 것이다. 온라인 사용자들은 대문자를 사용하거나 화난 얼굴을 이모티콘으로 표시하거나 느낌표를 달거나 글씨를 진하게 하는 등 다양한 기법을 사용해 화가 났음을 표시할 필요성을 느낀다.

하지만 사람의 마음을 돌리거나 어떤 사안에 관한 건전한 대화를 나누려 할 때 이런 방식은 그다지 설득력이 없다. 오히려 불필요해 보일 수 있으며 말하려는 요점이 잘 안 드러나게 만들기도 한다. 화났다는 사실을 이메일로 알리는 것이 잘못된 건 아니지만 굳이 찡그린 이모티콘을 쓰는 것보단 그냥 화났다고 말하는 편이 나을 것이다.

이모티콘을 절대 사용해선 안 된다는 말이 아니다. 이모티콘을 사용하기에 적절한 때와 장소가 있으며 특히 긍정적인 이모티콘은 더욱 그렇다. 이모티콘은 기분을 밝게 하고 글에서는 잘 드러나지 않는 감정을 표현하는 데 사용할 수 있다.

예를 들어 웃는 표정은 농담이거나 유쾌하게 즐기려는 뜻이라는 것을 명확히 알릴 수 있다. 슬픈 표정은 뭔가에 대해 특히 속상해하고 있다는 것을 표시할 수 있다. 그런데 온라인에서 공격적인 발언을 할 때 웃는 표정이나 크게 웃는다는 뜻의 채팅 약어인 LOL 같은 기호를 표기해 가볍게 만드는 식으로 일종의 수동적 공격 성향을 드러내는 데 사용할 수도 있다. 기본적으로 이런 표현 방식을 사용할 땐 어떤 감정을 표현하려고 하는지 신중하게 생각해야 한다.

④ 답장을 보내거나 게시하기 전에 점검하기

감정, 그중에서도 분노는 내용을 해석하는 렌즈 역할도 한다. 그렇단 말은 상대방이 답장을 읽을 때 화나 있으면 당신이 쓴 글의 의도를 오해할 수도 있다는 뜻이다. 비슷한 맥락에서 당신이 상대방의 분노에 감정적으로 반응했고 그 감정이 의식하지 못하는 사이에 글에 반영됐을 가능성도 있다. 이런 이유로 글을 보내거나 플랫폼에 게시하기 전에 다른 사람에게 읽어보게 하는 것이 현명하다. 그렇게 하면 꼭 필요했던 새로운 관점에서 내용을 확인할 좋은 기회를 얻는다.

⑤ 응답하는 이유가 무엇인지 생각해보기

이 특정한 상황의 목표는 무엇인지 생각해보자. 답장을 보내는 것으로 어떤 목표를 달성하려 하는가? 그만한 가치가 있으며 달성할 수 있는 목표인가? 만일 그렇다면 이를 달성할 가장 좋은 방법은 무엇인가? 만일 그렇지 않다면 이 상황에서 세울 수 있는 다른 목표가 있을까? 이런 질문은 앞으로 나아갈 방향을 알려주기 때문에 온라인 분노에 대응하기 전에 이 질문의 답을 꼭 생각해보는 것이 좋다. 또한 응답하지 않는 것이 실용적이고 합리적인 선택이 될 수 있으며 그런 경우가 생각보다 많다는 사실도 기억해야 한다.

이렇게 하는 건 대부분 사람에게 힘든 일이다. 사람들은 방어적 태도나 복수심을 느끼며 꼭 응답해야 한다는 생각에 사로잡혀 정작 상대방과의 상호작용을 통해 진정으로 뭘 얻고 싶은지 명확하게 생각하지 못한다. 생각한 목표 중에는 달성할 수 없는 것도 있다. 달성 가능한 목표라도 그 목표를 성취하려면 깊은 생각에서 나온 의미 있는 접근 방식이 필요할 것이다.

지금 이 순간에 집중하기

온라인에서의 분노와 적대감과 관련해 놀랍게 느껴진 한 가지는 사람들이 대면 소통에서는 상상할 수 없는 방식으로 거리낌 없이 서로를 공격하는 경우가 많다는 점이다. 나 역시 온라인에서 비방받은 경험은 오프라인에서 경험한 것과는 차원이 달랐다.

인신공격은 아주 다양한 모습으로 나타날 수 있다. 비방이 항상 노골적으로 적대적이거나 잔인해 보이는 건 아니다. 때로는 상대를 지나치게 일반화하거나 미묘한 방식으로 낙인을 찍어 의도치 않게 모욕하기도 한다.

분노한 사람들과 대화를 나누다 보면 그 순간 집중하기가 어려워져서 결국 필요 이상의 이야기가 나오게 된다. 다음 장에서는 분노한 사람들과 대화할 때 인신공격을 피하는 방법을 알아볼 것이다.

08

인신공격에는 행동을 근거로 반박한다

사소한 말다툼의 나비효과

2019년 개봉 영화 〈북스마트〉에는 내가 좋아하기도 하고 싫어하기도 하는 장면이 있다. 영화를 보지 않은 사람들을 위해 설명하자면 이 영화는 고등학교 졸업식 전날 밤에 파티에 찾아가겠다고 나선 절친한 두 친구의 이야기를 그린 코미디다. 저녁을 지나서 밤까지 이 둘은 여러 문제에 부딪히고 우정에 부담을 주는 일들을 겪는다.

그러다가 비교적 사소한 일로 말다툼을 벌인다. 한 명은 파티를 떠나고 싶어 하고 다른 한 명은 남고 싶어 했다. 한 명이 "난 지금 안 갈 거야, 넌 지금 항상 하던 대로 하고 있잖아"라고 말하면서 둘의 갈등이 갑자기 고조된다. 이 시점에서 둘 사이의 언쟁은 파티 장소에 남을지 집에 돌아갈지가 아니라 더 많은 것들로 확대된다. 언쟁은 이제 전면적인 싸움이 됐다.

나는 이 장면을 보기가 너무 고통스러워서 싫었다. 평생 함께한 단짝이 대학에 입학하기 전에 남은 시간을 함께 즐기려고 했다. 그런 두 사람이 서로에게 핏대 높이며 싸우는 모습을 보니 가슴이 아팠다. 하지만 너무 현실적으로 다가왔기 때문에 이 장면이 아주 마음에 들었다. 이런 전개는 지금껏 내가 실제로 경험한 것과 거의 비슷했다. 두 사람 모두 문제를 해결하려는 노력을 중단하고 상처 주는 말로 상대를 굴복시키려 들기 시작했다. "넌 자기 자신만 아는 못된 사람이야." "넌 지독한 겁쟁이야." "넌 진짜 나쁜 친구야."

특정 맥락을 일반화하면 안 되는 이유

다른 사람의 인격을 공격하지 말아야 한다는 말은 그 사람의 인격에 대한 공격으로 상처줘서는 안 된다는 뜻이다. 언뜻 보면 쉬운 일처럼 느껴진다. 누군가와 생산적인 대화를 나누거나 건전한 상호작용을 하려 한다면 상대방을 모욕하는 말은 하고 싶지 않을 것이다. 그걸 원하는 경우가 아니더라도 누군가의 인격을 공격하는 건 바람직하지 못하다. 사람에 따라 인신공격으로 잠깐 기분이 나아질 수도 있지만 실질적으로 얻을 수 있는 건 거의 없다.

　그런데도 분노한 사람과 논쟁을 벌이다 모욕적인 말이나 행동을 하는 경우는 아주 흔하다. 이렇게 되는 이유는 두 가지다. 첫째, 사람들은 순간의 감정에 휩쓸려 기분이 나아지게 하려고 화를 낼 수 있다. 분노를 폭언을 퍼부으려는 감정적 욕구로 생각할 수 있으므로 화가 날 때 상처 주는 말이나 행동을 하고 싶어지는 건 지극히 자연스러운 일이다. 인간에게는 앙갚음하려는 본능이 있다. 목표 달성을 위해선 이를 버려야 하는데 이런 본능이 발동하면 의견차를 해결하고 싶은 마음보다 상처 주려는 마음이 더 커진다.

　둘째, 종종 일어나는데도 확인하기 힘든 측면으로 사람들은 자신이 인신공격을 하고도 했다는 사실을 깨닫지 못할 때가 많다. 영화 〈북스마트〉의 사례처럼 공격은 일반화하거나 낙인찍으려는 경향에서 비롯된다. 〈북스마트〉에서 논쟁이 확대되는 걸 지켜보면 상황이 어그러지는 순간을 정확히 포착할 수 있다. 둘의 언쟁이 파티를 더 즐길 것인지 집에 돌아갈 것인지에 대한 문제에서 더 큰 싸움으로 확대된 것은 "항상"이라는 말이 언급됐던 그 순간부터였다.

　한 사람이 특정 상황의 맥락을 일반화해서 "넌 지금 항상 하던 대로 하고 있잖아"라며 상대방의 전반적인 성격에 대해 언급했을 때다. 현 상황과 관련된 문제에서 벗어나 성격 특성으로 일반화하는 이런 경향은 의견 충돌이 전면적인 싸움으로 흔히 번지는 이유다. 누군가 자신에게 화를 내면 "넌 항상 그렇잖아"라거나 "넌 화가 나면 꼭 이렇게 가당찮은 생각을 하더라"와 같은 말을 하거나 이런 생각을 하기 쉽다. 이렇게 반응하면 상대방의 행동을 일반화하고 낙인찍어서 상대방이 공격받는 기분을 느낀다.

솔직히 공격할 의도가 아니었더라도 이런 반응은 공격이다. 일반화하거나 낙인찍으면 사건을 더 폭넓은 문제 패턴의 일부로 몰아가게 된다. 이를테면 이렇게 말하는 것과 마찬가지다. "지금 네가 한 이 행동은 내 심기를 아주 불편하게 해…. 네가 이 행동을 자주 하는 걸 보면 이건 인격적 결함이야." 그럼 이 상황은 무엇을 했는지가 아니라 어떤 사람인지의 문제가 된다.

예를 들어 당신이 회사에서 실수를 했고 동료 중 한 사람이 이에 대해 화를 낸다고 가정하자. 이 동료는 당신에게 부적절하고 심기를 건드리는 적대적인 내용의 이메일을 보낸다. 당신은 동료가 왜 화를 내는지 이해하고 실수에 대한 책임도 인정하지만 그가 다른 방식으로 대응했어야 한다고 생각한다. 그래서 즉시 이런 내용의 이메일로 반격한다. "당신의 대응 방식이 맘에 들지 않아요. 이렇게 계속 적대감을 드러내는 건 부당하며 전문가답지 않습니다."

이런 대응은 일면 합리적이고 나아가 용의주도해 보일지 모른다. 상대방의 적대감이 실제로 너무 빈번하고 부당하고 직업윤리에 맞지 않을지 모른다. 언젠가 다룰 필요성이 있는 문제행동 패턴이 실제로 있을지도 모른다. 하지만 이것이 사실인지 여부는 중요하지 않다. 상대방의 잘잘못을 따지는 것은 다음 두 가지 이유에서 비생산적이다.

첫째, 방어적 태도는 보통 공격받는다고 느낄 때 나타난다. 일단 대화의 초점이 무엇을 했는지가 아니라 어떤 사람인지가 되면 상대방이 방어적인 태도를 보일 것으로 예상해야 하며, 방어적 태도는 생산적인 대화를 나누는 데 필요한 명확한 사고를 하기 힘들게 만든다. 둘째, 이런 식으로 일반화할 때의 문제는 의도치 않게 상대방에게 면죄부를 준다는 점이다. 적대적인 이메일의 예시에서 다음 두 문장 중 어떤 것이 상대방이 이의를 제기하기 더 쉬울까?

1. 당신이 쓴 이메일은 적대적이고 전문가답지 않습니다.
2. 당신은 적대적이고 전문가답지 않습니다.

첫 번째 문장은 상대방이 이의를 제기하기가 훨씬 어려울 것이다. 그렇지 않은가? 상대방은 자신이 한 행동, 즉 자신이 작성한 이메일 하나만 보고 그것이 적대적이고 전문가답지 못했는지를 따져야 한다. 특정 행동을 방어해야 하는 것이다.

상대방이 "어떻게 감히 내게 전문가답지 않다고 할 수 있습니까?"라고 반문할 수 있지만 그러면 "그렇게 말하지 않았습니다. 그저 이메일이 전문가답지 않다고 말했을 뿐입니다"라고 대응할 수 있다. 그런데 두 번째 문장은 지나친 일반화로 상대방의 분노를 고조시키고 부정적인 결과를 초래하는 문을 연다.

감정을 다스려야 이긴다

그렇지만 상대방에게 반복해서 나타나는 행동 패턴이 있다면 이를 해결해야 할 수도 있다. 위 예에서 상대방이 이메일로 빈번히 적대적이고 비전문적인 태도를 보이는 경우라면 이 문제를 그냥 덮고 넘어가기 힘들지 모른다. 그에게 실제로 인격적 결함이 있어서 이를 해결하고 싶을 수도 있다. 그 문제에 대해서 대화 나눠도 큰 성과가 없다면 어떻게 대처해야 할까? 다음 두 가지 방법으로 접근해볼 수 있다.

단일 사건을 해결하는 것에서 시작한다

한 가지 사건을 콕 집어 지적하는 것만으로도 더 넓은 범주의 패턴을 알아차리는 데 도움 될 피드백을 줄 수 있다. 몇 년 전 친한 동료가 논쟁의 여지가 있는 문제로 내게 이메일을 보냈다. 나는 이를 해결하기 위해 그 친구의 이메일을 복사해 행정 담당자에게 전달했다.

상황이 정리됐을 때 친구는 내게 이메일로 자신의 허락 없이 자기가 쓴 이메일을 다른 사람에게 전달해서 기분이 나빴다고 말했다. 그녀는 내가 무신경하다거나 부주의하다고 말하지도 않았고 그저 내 행동이 마음에 안 들었다는 이야기만 했다.

내가 여기서 이 사례를 소개한 이유는 두 가지다. 우선 몹시 기분이 나빴다. 그녀의 기분을 상하게 할 의도로 그랬던 건 아니기 때문이다. 솔직히 내가 그 이메일을 전달해서 그녀가 불편해할 줄은 몰랐다. 그녀는 그 이메일이 다른 사람에게 공개되는 것을 원치 않았지만 나는 그렇다는 사실을 눈치채지 못했다. 내가 부주의한 성격이라고 생각하지 않지만 그 일을 처리한 방식은 부주의했다. 내 실수였다.

두 번째로 이 일을 계기로 더 넓은 범위에서 내가 이런 부주의한 실수를 저질렀었는지 생각해보게 됐다. 내게 문제를 제기하지 않았던 다른 사람들에게도 이런 행동을 하지는 않았을까? 평소 이런 식으로 부주의한 태도를 보였나?

이런 질문에 대한 답을 전부 알 수는 없지만 그 이후 내가 예전보다 더 세심히 주의를 기울인다는 점은 분명하다. 친구가 내가 자신을 속상하게 했다는 사실을 말해준 것이 이후 더 넓은 범위에서 행동의 변화를 이끌었다. 우리가 기분 상했을 때 더 넓은 범위가 아니라 그 사람이 한 행동이나 말에 초점을 맞춰 전달하면 상대방 입장에서는 공격받는 느낌이 덜 든다.

감정이 가라앉을 때를 기다리며 미리 계획한다

광범위한 패턴으로 나타나는 문제를 해결하는 또 다른 방법은 격해진 감정이 가라앉을 때까지 기다렸다가 논의하는 것이다. 잘 알겠지만 화가 났을 땐 명확하고 이성적인 사고를 하지 못할 때가 많다. 감정이 격해졌을 때 성격 문제에 관한 이야기를 꺼내면 좋은 결과를 기대하기는 더 힘들다. 방어적인 태도를 취하고 책임지는 대신 문제를 외면하려는 경향이 나타날 수 있기 때문이다.

적대적인 사람과 소통하는 법

앞서 든 예에서 분노한 동료와 이메일에 대한 문제뿐만이 아니라 회사에서의 그의 분노와 당신을 향한 적대감이라는 더 광범위한 문제에 대해 이야기하고 싶다고 가정하자. 이럴 때 더 유의미한 대화를 나누는 데 도움이 될 5단계 실행 절차를 소개한다.

✨ 1단계 : 대화를 나눠야 할지 결정하고, 목표를 명확히 한다

가장 먼저 할 일은 그 문제에 대해 상대방과 정말로 대화를 나눠야 할지 결정하는 것이다. 예를 들어 당신은 그런 피드백을 제시하기에 적합한 위치에 있는가? 다른 사람이 해야 할 일인가? 이 문제는 정말 상대방에 관한 것인가, 아니면 실제로는 당신 자신에 관한 것인가? 고민 결과 정말 그 문제는 논의할 가치가 있다는 결론에 도달할지 모른다. 그렇더라도 대화 나누는 것이 옳은 일인지 분석하는 과정을 한 번 더 거쳐야 한다.

덧붙여 직접 대화하는 것이 목표를 달성하는 가장 좋은 방법인지 생각해볼 필요가 있다. 대화를 통해서는 상대방이 변화할 가능성이 없다고 판단되면 다른 방법으로 접근해야 할 것이다. 누군가와 어려운 대화를 나누기 전에 시간 내서 목표를 명확히 해둔다. 이 문제에서의 성공은 어떤 모습일까? 정해둔 목표는 달성 가능한 목표인가? 스스로에게 질문해본다.

✨ 2단계 : 미리 계획하고 시간을 정한다

시간을 정하고 미리 계획을 세워야 한다. 시간과 관련해서는 좀 더 공식적으로 해두는 편이 좋다. 상대방에게 논의하고 싶은 중요한 사항이 있다고 미리 말해두고 충분한 시간을 확보하자. 미리 말해두면 상황의 심각성을 알리는 데 도움이 된다. 어떤 말을 어떤 식으로 전달하고 싶은지 생각해보자. 상대방에게 말하고 싶은 요점은 무엇인가?

예를 들어 이메일의 적대감에 대한 예시에서는 당신이 실수했다는 걸 알고 있으며 그가 화를 낸 것은 괜찮지만 그 화를 표현한 방식이 당신에게 상처가 됐다는 점을 말하고 싶을 것이다. 아니면 실수를 지적하는 것은 괜찮지만 연락할 때 좀 더 조심하고 감정을 헤아려줬으면 좋겠다고 말하고 싶을 수도 있다. 전달하려는 주요 내용을 미리 계획하면 하려고 했던 말을 확실히 전달할 수 있다.

✨ 3단계 : 관계의 건전성을 우선시한다

상대방과 만나면 그의 감정을 헤아리고 관계의 건전성을 염두에 둔다. 이 책에서 여러 차례 논의했듯이 목표가 논쟁에서 이기거나 상대방에게 그의 잘못을 납득시키려는 것이 되어서는 안 된다. 그의 행동, 그중에서도 특히 당신에 대한 태도를 바꾸는 데 목표를 두어야 한다. 이런 목표가 한 차례의 대화로 달성되지 않을지 모르지만, 만났을 때 상대방의 감정을 존중하지 않으면 목표를 이룰 가능성은 더욱 낮아진다.

기지를 발휘하고 따뜻하게 대하면서 사용하는 표현에 주의하려고 최선을 다하자. "사람을 대할 때 항상 너무 적대적이에요"라고 말하는 것과 "그동안 이메일에서 적대적이라는 느낌을 많이 받았어요"라고 말하는 것은 아주 다르게 들릴 수 있다.

⟨ **4단계 : 피드백에 열린 태도로 임한다**

우리는 의도치 않게 타인의 적대감을 불러일으키는 행동을 할 수도 있다. 상대방이 우리를 부정적으로 대하는 게 정당하다거나 우리가 학대받아 마땅하다고 말하는 것이 아니다. 오히려 그 반대. 내가 하려는 말은 상호작용에서 우리가 했던 행동에 대한 피드백에 열린 태도를 취해야 한다는 것이다.

의견 충돌이 한 사람의 잘못으로 생기는 경우는 거의 없다. 어려운 대화를 나누면서 앞으로는 어떻게 서로를 대하는 방식을 조절해나 갈지도 흔쾌히 생각할 수 있어야 한다. 또 상대방의 의견을 듣고 그런 피드백에 대한 생각도 나눠야 한다.

⟨ **5단계 : 상대방에게 시간을 준다**

마지막으로 상대방에게 당신이 요청한 부분에 대해 깊이 고민할 시간과 자유를 반드시 허용해야 한다. 논쟁이 벌어질 소지가 있는 논의가 오갈 땐 대화를 나누면서 해결책을 찾을 가능성이 거의 없다. 대화 도중 상처받고 의견차가 더 생기고 심지어 화가 날 수도 있다. 이런 감정과 의견 충돌에 인내심을 품고 상대방이 태도나 방법을 바꿔보겠다고 동의하더라도 그 변화에 시간이 걸릴 수 있다는 걸 이해하는 데 최선을 다하자.

때로는 관계 정리도 필요하다

앞서 제시한 지침은 상대방이 어느 정도 정서적으로 성숙한 사람일 때 통한다. 즉 상대방도 결실 있는 대화를 원하고 당신과 비슷한 목표를 가지며 어느 정도는 감정이 격해진 상황에서 자신의 감정을 다스릴 능력이 있다고 가정해야 한다. 그런 사람들과는 아무리 화를 잘 내는 사람들도 목표 지향적이고 생산적인 대화를 나눌 수 있다. 하지만 아무리 깊이 생각하고 계획해도 효과적으로 대화할 수 없는 사람들도 물론 있다. 때로는 모두 내려놓고 관계를 정리할 줄도 알아야 한다. 이에 대해서는 다음 장에서 이야기 나눌 것이다.

09

해로운 관계는 싹둑 잘라낸다

관계를 끝내야 할 때

이 장에서는 본론으로 들어가기 전에 하고 싶은 이야기가 있다. 이 장은 다른 장들에 비해 유독 집필하기가 힘들었다. 해로운 관계에서 벗어나기로 결심하는 건 정말로 큰 결정이다.

이에 대해 글로 논하거나 언제, 어떻게 관계를 정리해야 하는지를 제안하는 건 무척 부담스럽고 어렵다. 아주 미묘하고 조심스럽다. 이에 대해 내가 쓴 글이 모두 불완전하게 느껴졌다. '하지만 …상황이라면 어떻게 해야 하지?'라거나 '당사자가 …라면 괜찮을 수도 있을 거야' 같은 생각들을 끊임없이 했다.

발표된 연구 대부분은 연인과의 정서적·신체적 학대 관계를 다룬 것들이었다. 그런 연구들이 아예 관련이 없는 건 아니었지만 내가 다루려는 내용과는 차이가 있었다. 나는 사람들이 화를 잘 내는 친구, 동료, 형제자매, 부모, 배우자 등과 관계 맺고 있을 때, 그 관계가 삶에 부정적 영향을 미치고 개선되지 않을 때 어떻게 해야 하는지 알아내도록 돕고 싶었다.

관계를 끝내야 할 때를 어떻게 알 수 있을까? 그 관계를 끝낸다는 것은 어떤 의미이며 어떤 식으로 정리해야 할까? 이 장을 쓰면서 내가 겪은 어려움은 아마도 해로운 관계를 정리할 때 모든 사람이 겪는 어려움과 비슷할 것이다. 결정이 얼마나 중요한지 그리고 그 결정이 어떤 잠재적 결과를 초래할 수 있는지가 앞으로 나아가는 것을 어렵게 만드는 요소다. 이에 대한 자료가 별로 없는 건 이 문제에 대해 논하고 행동을 취하기가 힘들기 때문일 터이다.

그렇지만 사람들은 지금도 날마다 이 문제로 어려움을 겪고 있으며 내게 찾아와 도움이 필요하다고 말한다. 쉽게 분노하는 사람이 주위에 있고 그 사람 때문에 인생이 힘든데 어떡할지 몰라 난감해한다. 좋은 소식은 이 주제를 두 가지로 나눠 생각할 수 있다는 사실이다. 즉 인생을 살면서 단 한 번 마주친 분노한 사람과의 관계를 정리하는 것, 일상적으로 마주치는 분노한 사람과의 장기적 관계에서 벗어나는 것으로 나눠 생각하는 것이다. 전자의 원칙 몇 가지를 후자의 원칙에 적용할 수 있다.

완전한 단절 vs. 빈도 줄이기

전혀 다른 방식으로 분노한 사람과의 관계를 끊은 두 가지 예부터 살펴보자. 관계의 상황과 성격에 따라 관계 단절이 매우 다르게 나타날 수도 있다는 것을 보게 될 것이다.

⚡ 알렉스의 사례

어린 시절 단짝과의 관계에 문제가 있던 알렉스의 사례부터 살펴보자. 나와 이야기 나눌 당시 알렉스는 20대 후반이었다. 그 친구와 거의 15년 동안 가장 친한 사이로 지냈다고 했다. 중고등학교 시절 내내 아주 친한 사이였는데 그 친구에게 심각한 분노 문제가 있어 같이 있을 때면 두렵고 지쳤다. 그 친구는 대기시간이 길어지거나 뭔가 제대로 작동하지 않는 등 일상에서의 사소한 불편에 쉽게 분노했다. 화나면 소리 지르거나 욕하고 물건을 던지기도 했다.

　알렉스가 분노의 표적이 되는 경우는 별로 없었지만 가끔 그녀의 분노가 알렉스에게로 향할 때도 있었다. 그럼 슬프고 주눅이 들기도 했다. 두 사람은 다른 대학에 갔지만 연락을 주고받았고 같은 도시에 살았다. 그러던 어느 날 알렉스는 그 친구와 연락을 끊고 싶단 생각이 들었다. 함께하는 것이 점점 너무 지치고 힘들었기 때문이다. 친구의 분노는 해가 갈수록 심해져 더는 어떻게 해볼 수 없겠다는 기분이 들었다. 그에 대해 친구와 대화도 나눠봤지만 친구는 문제 삼지 않았다. 알렉스에게 어떤 영향을 미치는지도 신경 쓰지 않는 눈치였다.

결국 알렉스는 그녀와의 관계를 더 이상 유지하지 않겠다고 결심했다. 둘을 알고 지내는 다른 친구들이 걸려서 관계를 정리하기가 힘들었지만 큰 문제가 되지는 않았다. 진짜 문제는 죄책감이었다. 그녀는 자신이 옳은 선택을 하고 있음을 알면서도 죄책감을 느꼈다. 그것 때문에 관계를 정리하고 싶다는 말을 곧바로 친구에게 전달하지는 않았다.

처음에는 그저 그 친구와 보내는 시간을 줄였다. 전보다 뜸하게 만났고 문자 메시지를 받아도 곧바로 답장하지 않고 뜸을 들였다. 그리고 먼저 연락하지 않았다. 그러다가 결국에는 친구가 무슨 일이 있냐고 물었고 그때 친구에게 자신의 생각을 이야기했다. 예상대로 친구는 화를 냈고 알렉스는 죄책감을 느꼈지만 참고 견뎌냈다. 그 후 두 사람은 이따금 문자 메시지를 주고받았지만 이제 그마저도 중단되고 서로 멀어졌다.

✄ 찰리의 사례

한편 내가 만났던 또 다른 사람은 이와는 아주 다른 방식으로 분노한 사람과 헤어지기로 결심했다. 찰리가 관계 맺은 화를 잘 내는 사람은 그의 삶에 훨씬 깊숙이 얽혀 있었다. 그 사람은 바로 그의 아버지였다. 상황은 이 책의 전반부에서 설명했던 다른 사람들 사례와 상당히 비슷했다. 찰리의 아버지는 쉽게 화를 냈고 화가 나면 매정한 말을 했다. 신체적 폭력을 행사하지는 않았지만 매우 적대적으로 행동해서 찰리를 불편하게 만들었다.

찰리가 나와 이야기 나눌 당시 그는 40대 중반이었고 아버지는 70대였다. 그때 기준으로 5년 전쯤 찰리는 가능하면 아버지와 만나지 않기로 결심했다. 가장 큰 이유는 아이들에 대한 걱정 때문이었다. 찰리에게는 어린 자녀가 있었는데 자신이 경험한 것들을 아이들이 경험하는 것을 원치 않았다. 아버지가 바뀔 여지가 없다고 봤기 때문에 아버지와 함께 보내는 시간을 줄이고 아이들이 할아버지에게서 최대한 멀리 떨어져 지내게 해야겠다고 마음먹었다.

하지만 찰리는 아버지와 연락을 완전히 끊고 싶지는 않았다. 아버지가 앞으로 얼마 못 사실 것임을 알았고 완전히 연락을 끊으면 나중에 후회하지 않을까 걱정했다. 작별 인사를 할 기회도 없이 아버지가 돌아가시면 어떤 기분이 들지 생각하며 계속 고민했다. 그래서 그는 어머니에게 이 문제에 대해 이야기한 뒤에 앞으로 가족들이나 아버지를 만나러 오지 않을 것이라고 말했다. 이 일로 어머니와의 관계에 문제가 생기지 않기를 바라지만 이로 인해 상황이 복잡해질 수 있다는 걸 알기 때문이라고 어머니에게 설명했다.

그가 택한 방식은 그저 가족들이 함께 보내는 시간을 줄이고 특별한 경우를 제외하고는 아이들을 만나지 않게 하는 것이었다. 간혹 부모님 댁에 아이들을 데려갈 일이 생겨도 오래 머물지는 않았다. 어머니와는 계속 만났지만 보통 아버지 없이 어머니 혼자 찾아오셨다. 찰리는 어머니와는 가끔 통화하고 주기적으로 이메일도 주고받았지만 대부분 찰리 아버지의 분노가 폭발했으니 아이들을 만날 일이 없게 하자는 용건이었다.

비록 상황에 맞게 조정하고 계획하는 일이 좀 복잡하긴 했지만 그는 전반적인 관점에서 그런 식으로 관계를 조정하길 잘한 것 같다고 본다. 더 이상 아버지 문제로 불안해할 필요가 없어지니 아버지를 만나는 짧은 시간이 편하고 즐거워졌다. 전에는 언제 폭발할지 모르는 아버지 때문에 두려움에 떨었지만 지금은 분노 폭발로 발생할지 모를 문제에 대해 든든히 조치해둔 기분을 느낀다.

악영향을 끼치는 사람들과 선 긋기

참 재밌는 점은 인생에서 우리에게 해가 되는 사람들과의 관계 정리를 정당화하는 것이 이론적으로는 아주 쉬운 일이라는 사실이다. 이 문제에 대해 나와 이야기 나눈 사람들은 우리에게 해로운 사람들과는 선을 그어야 한다고 항상 말한다. 추상적으로는 그런 생각을 거리낌 없이 받아들이는 것 같다.

그러나 누군가를 실제 삶에서 배제하려고 할 때 문제가 발생한다. 미묘한 맥락, 현실적 장벽, 감정이 개입되기 시작한다. 그럴 때가 바로 사람들이 언제, 어떻게 관계를 끝내야 할지 모르겠다고 내게 말하는 경우다. 어쩔 땐 분노한 사람이 인생이나 다른 관계에 너무 깊숙이 자리 잡아서 관계를 끊을 수 없다고 딱 부러지게 말한다.

관계 단절이 필요한 순간

언제 관계를 끊어야 할지에 대한 간단한 답은 없다. 다만 장기적인 관계보다 일회성 상호작용을 다룰 때가 아무래도 훨씬 쉽다. 분노한 사람들과의 일회성 상호작용에서는 ① 더 이상 안전하다고 느끼지 않거나 ② 그 사람과의 상호작용이 당신에게 이롭지 않거나 ③ 해결 가능성이 낮거나 없다고 판단되는 경우 중 한 가지 상황이라면 즉시 관계를 끊는 편이 좋다. 특히 안전이 걱정되는 경우는 즉시 관계를 끊고 안전한 곳으로 피해야 한다. 대화를 해도 더는 결실이 없을 것으로 판단되면 관계를 끝내고 미련을 버려야 한다.

위 지침은 장기적 관계에도 동일하게 적용될 수 있다. 안전하지 않다고 느끼거나, 관계가 더 이상 이롭지 않다고 느끼거나, 개선되지 않을 것 같은 생각이 들면 관계를 끊어야 한다. 하지만 세부적인 고려 사항은 분노한 사람과의 관계 맥락에 따라 달라진다는 사실을 우선 인정해야 한다. 책 전체에 걸쳐서 언급했듯이 분노한 사람의 인생이 우리 인생과 한데 얽혀 관계를 끊기가 지극히 어려울 때도 있다.

분노한 상사와 우리가 관계 맺은 방식은 분노한 배우자나 부모와는 다르다. 또 평생을 함께한 친구와의 관계를 끊겠다는 결정은 최근 알게 된 사람과의 관계와는 다를 수 있다. 장기적인 관계를 끊을 땐 고려해야 할 요소가 많다. 대부분의 일회성 상호작용과는 달리 관계를 끊음으로써 발생할 수 있는 실제적인 결과가 있다는 점도 고려해야 한다.

그렇기는 해도 관계를 끝낸다는 것이 꼭 모든 연락을 완전히 끊는 것을 의미하지는 않는다는 점도 주목할 가치가 있다. 관계 단절은 다양한 형태로 나타날 수 있다. 완전히 연락을 끊고 더 이상 그 사람의 삶에 관여하지 않는 걸 의미할 수도 있지만 함께 보내는 시간을 줄이거나 상호작용 빈도를 줄이거나 특정 소통 수단이나 장소로 상호작용을 제한하는 것을 의미하기도 한다. 분노한 사람과의 관계를 어떻게 정리할지 결정할 때 고려할 몇 가지 요소를 살펴보자.

정서적으로나 신체적으로 학대하는 경우

분노가 신체·정서적 학대를 유발할 수도 있다는 것은 부인하지 못할 사실이다. 하지만 보통은 그런 일이 일어나지 않는다. 분노는 사람들이 일주일에 두어 번, 하루에 두어 번 경험할 정도로 매우 흔한 감정이며 사람들 대다수가 분노를 조절할 수 있다. 그래도 앞서 논의했듯 분노라는 감정에는 본래 폭언을 퍼붓고 싶은 욕구가 뒤따른다. 만성적으로 화내는 사람들은 가끔 그런 욕구에 따라 행동한다. 그러면 주변 사람들이 신체·정서적으로 고통을 겪을 수 있다.

신체적 학대에는 때리기, 뺨 때리기, 발로 차기, 머리카락 잡아당기기, 물기 등 다양한 형태의 신체적 공격이 포함된다. 가족이나 반려동물을 다치게 하거나 약을 복용하지 못하게 하는 등 다양한 방법으로 신체적 상해를 입힐 수도 있다.

분노는 질투, 두려움과 마찬가지로 학대와 분명히 관련이 있다. 하지만 신체적 학대는 상대방에게 힘을 행사하거나 상대방을 통제하려는 욕구 등 다양한 다른 요인으로 촉발될 수도 있다. 단순히 분노 때문이라기보다는 일반적으로 더 넓고 복잡한 원인이 작용한다.

정서적 학대의 경우도 마찬가지다. 자주 모욕하거나 비난하거나 친구나 사랑하는 사람과 시간을 보내지 못하게 하거나 상대방의 심리를 조종하거나 모욕을 줄 방법을 찾거나 하는 일, 옷차림, 누구와 시간을 보내는지 등을 통제하려고 시도하는 등의 행위가 포함된다. 이런 패턴도 일반적으로 분노보다 더 큰 동기에 의해 발생한다. 연인 간의 학대 관계를 끝내는 건 이 책이 다루는 범위를 훨씬 벗어난 문제다. 혹시 데이트 폭력 문제를 겪는 사람이 있다면 관련 단체에 연락해 반드시 전문가의 도움을 받아야 한다.

☀ 그 사람과 시간을 보내는 것이 힘겨울 때

지금껏 분노한 사람들과 관계 맺고 사는 삶이 어떤지에 대해 많은 이들과 이야기를 나눴는데 가장 일반적으로 나오는 말은 두렵고 지친다는 것이다. 사람들은 흔히 분노한 사람들에게서 소리 지르거나 호통치거나 물건을 부수는 등 겉으로 화를 드러내거나 공격적으로 표현하는 경향이 나타난다고 말한다. 이들의 주변 사람들은 보통 분노한 사람들에게 공격받거나 다칠까 봐 두려워하지 않는다. 다른 누군가를 다치게 할까 두렵고 창피하며 분노가 폭발한 순간에 깜짝 놀란다고 말한다.

이들은 그의 분노가 두려워서 그가 화내지 않도록 애써 노력한다. 그리고 분노가 폭발하는 걸 막는 데 모든 감정을 소비한다. 그의 감정을 다스리는 데 너무 신경을 쓴 나머지 자기 본연의 모습대로 살아갈 수 없을 것 같다고 느낀다. 이런 노력은 사람을 지치게 한다. 이들은 자신이 경험하는 불편함과 불확실성을 '살얼음판을 걷는 듯' 하다고 표현한다. 또 이들은 자기 기분을 위해서가 아니라 다른 사람의 감정을 보호하기 위해 감정을 관리한다. 다른 사람의 감정에 대한 책임을 안고 살며 결국에는 자신의 감정보다 상대방의 감정을 우선시하게 된다.

분노한 사람들과 함께 지내는 것이 기력이 소진될 정도로 힘들다면 그 관계를 계속 유지할 가치가 있는지 생각해볼 필요가 있다. 이런 감정을 관리하기 위해 뭔가 시도해볼 수 있을지 모르지만 이 책에 제시된 방법을 포함해 다양한 방법을 이미 시도해봤다면 한발 물러나 이 상황이 어떻게 느껴지는지를 살펴봐야 한다. 특히 그 사람에게 우려를 표시했는데 이를 진지하게 받아들이지 않거나 변화할 의지와 능력이 없는 것처럼 보인다면 관계 지속 여부를 고민해볼 필요가 있다.

해로운 관계를 정리하는 법

다시 말하지만 불건전한 관계를 정리하는 건 이론상으로는 쉽고 간단하다. 연락을 끊고 싶다고 상대방에게 직접 말하거나 시간을 두고 천천히 연락을 끊거나 아무 설명 없이 완전히 끊을 수도 있다. 하지만 실제로 이행하려면 여러 장벽이 존재한다. 분노한 사람과 어떤 관계인지와 관련된 현실적 장벽이 있을 때도 있고 개인적 측면의 장벽이 있을 때도 있다. 어떤 사람은 관계를 끝내는 것에 죄책감을 느끼고 또 어떤 사람은 그 관계가 인생에서 감정적으로 중요한 역할을 하고 있어서 관계를 끝내면 약간의 공허함을 느끼기도 한다.

☆ 1단계 : 어떤 장벽이 있는지 파악한다

해로운 관계를 정리하기 위한 첫 단계는 지금껏 그 관계를 정리하지 못하게 막은 요인이 무엇인지 파악하는 것이다. 어떤 사람들은 인식하지 못했던 탓이라고 말할 것이다. 예전에는 그 관계가 건전하지 못했다는 사실을 깨닫지 못했지만 이제는 깨닫게 된 것이다. 어떤 사람들에게는 자기 자신의 감정이 관계를 끝내지 못하게 막은 장벽이었을 것이다. 연락을 끊는 것에 죄책감을 느끼거나 상대방이 어떻게 반응할지 두려워하거나 관계가 끝나는 것에 대해 슬퍼하기도 한다.

현실적인 장벽이 있었다고 말하는 사람들도 있다. 이들은 당사자와 함께 살거나 함께 어울리는 다른 친구들이 있어서 연락을 끊기가 더 어렵다. 마지막으로 어떤 사람들은 관계를 끝낼 때 발생할 수 있는 갈등이 불편해서라고 말한다. 관계를 끊으면 여러 가지로 불편해지기 때문에 관계를 유지하는 편이 더 낫다고 느낀 것이다. 어떤 장벽이 있든 그것을 파악해 극복하고 해결책을 찾는 것이 중요하다.

2단계 : 이런 장벽을 해결할 방법을 찾는다

일단 장벽을 파악했으면 해결을 위한 조처를 할 수 있다. 죄책감이나 슬픔에 발목 잡혔다면 그런 감정이 어디서 시작됐는지 탐색한다. 필요할 경우 상담 치료 전문가의 도움을 받는 것도 고려해보자. 현실적 장벽이 있다면 해결책을 찾아보자. 이런 현실적인 문제를 해결하기 위해 꽤 중대한 변화가 필요할 수도 있다. 예컨대 분노한 사람이 한집에 사는 사람이면 새로운 거주지를 찾아야 할 수도 있다. 형제자매라면 앞으로 가족 모임을 어떤 식으로 할지 고민해야 할 수도 있다.

3단계 : 반드시 양자택일해야 할 필요는 없다는 것을 알아둔다

건전하지 못한 관계를 정리한다고 해서 그 사람을 삶에서 완전히 배제해야 하는 건 아니다. 그 사람을 앞으로 다시는 볼 수 없게 되는 것도 아니다. 그 사람과의 연락을 대폭 줄이는 것으로 마무리될 수도 있다. "이 사람과는 이제 끝이야"라고 말하고 절대 안 만나는 게 아니라 그 사람과 함께 보내는 시간이나 만나는 기회를 줄이겠다고 결심할 수도 있다.

분노한 사람과의 관계를 완전히 끊는다는 건 때에 따라 두렵게 느껴질 수도 있고 현실성 없을 수도 있기 때문에 이런 인식은 중요하다. 관계 정리는 그 사람과의 상호작용을 얼마나 많이 할지에 대해 결정하는 것이다. 그 사람과의 상호작용이 당신에게 미치는 영향, 당신의 삶에서 그 사람의 역할을 고려할 때 현실적으로 감당할 수 있는 수준 등 여러 가지를 종합적으로 고려해야 한다.

❄ 4단계 : 죄책감에 대처할 준비를 한다

건전하지 못한 관계를 끝내기 가장 어렵게 하는 요소 중 하나는 죄책감이다. 죄책감은 정상적이고 건전한 감정이며 잘못된 것은 아니다. 죄책감은 다른 감정과 마찬가지로 인생에서 중요한 목적을 수행한다. 죄책감은 내가 누군가에게 해를 끼쳤을지도 모른다는 사실을 뇌가 전달하는 방법 중 하나다. 죄책감은 잘못을 해결하도록 동기를 부여한다. 실제로 잘못을 저질렀을 때 자신이 가져온 피해를 복구하겠다는 마음을 품도록 돕는다.

하지만 분노와 마찬가지로 죄책감이 항상 상황의 현실성에 뿌리를 두는 건 아니다. 타인에 대한 불합리한 기대가 분노로 이어질 수 있듯 자기 자신에 대한 불합리한 기대가 죄책감으로 이어질 수 있다. 지금껏 관계를 정리하지 못하게 막은 것이 이런 죄책감일 수도 있다. 이 사실을 인식하고 이에 대한 계획을 세우자. 죄책감을 느끼면 이 감정이 모른 척 방치한 실제 책임 때문인지 자기 자신에 대한 불합리한 기대 때문인지 판단한다.

어쩌면 죄책감이 자신이 아니라 상대방이 자신에게 건 기대에서 비롯된 것일 수도 있다. 상대방이 당신에게 곁에 있어줘야 한다는 메시지를 지속해서 보내면 당신은 그런 기대를 내면화하게 된다. 이때 당신이 느끼는 죄책감은 자신의 감정을 다스려주길 바라는 상대방의 불합리한 기대에서 나온 것이다. 이런 가스라이팅은 특성상 당하고 있는지 확실히 판단하기가 힘들다. 만일 이에 대한 우려가 있다면 전문가의 도움을 받는 것이 좋다.

9가지 전략은 별개가 아니다

지금까지 설명한 아홉 가지 전략은 복합적으로 작용한다. 대부분의 상황에서 한 가지 방법만으로 상황이 해결되기를 기대할 수 없다. 이런 상황을 헤쳐 나가려면 다양한 전략을 맥락에 맞게 조합해야 한다. 목표를 생각하면서 침착함을 유지하고 상대방의 분노와 그에 대한 자신의 반응을 돌아보고, 상대하고 싶지 않은 사람을 상대하는 등 여러 가지를 고려해야 한다.

분노한 사람들에게 효과적으로 대처하려면 연습과 사려 깊은 태도가 필요하다. 가장 중요한 건 이러한 상황을 건전하고 긍정적인 방식으로 해결하려는 마음가짐이 필요하다는 사실이다.

10

모든 것은 마음의 문제다

내가 또 실수한 걸까?

앞서 설명한 몇 가지를 되돌아보면서 이 책을 마무리하려고 한다. 분
노한 사람들을 상대하는 방법을 안다고 당장 문제가 해결되는 것은
아니다. 방법을 활용할 줄 안다고 끝나는 것도 아니다.

이 과정의 핵심은 분노한 사람들과 생산적이고 효과적인 방식으로
소통하려는 사람으로서의 정체성을 받아들이는 것이다. 또 사람들
과 상호작용할 때 유익하고 건전하고 명확한 결과를 마음에 새겨두
고 임하는 것이다. 상대방이 화를 내더라도 목표에 충실하려고 노력
하는 것이기도 하다.

굳이 추측한다면 대부분 사람들은 분노한 사람과 상호작용할 때 그런 식으로 행동하지 않는다고 봐야겠다. 아마도 상대에게 복수하거나 자신이 옳다는 것을 증명하려는 등의 유익하지 않은 목표를 받아들일 것이다. 주어진 상황을 상대방의 관점에서 고려하지 않는다. 해결책을 찾으려고 노력하지 않으며 상대방의 분노에 영향을 미칠 수도 있는 덜 분명한 요인들을 인식하지 못한다.

이 모든 문제를 해결하려면 자신의 세계관을 살펴 어떤 렌즈로 세상을 바라보고 있는지 확인해야 한다. 1부에서 만성적으로 화내는 사람들의 전형적인 렌즈, 그들의 세계관에 대해 이야기 나눴다. 화를 잘 내는 사람들은 다른 사람들에게 비합리적으로 높은 기대를 강요하거나 세상을 이분화해서 바라보는 경향이 있거나 나쁜 일이 일어날 것이라며 최악의 상황을 상상하는 경향이 있다.

이 책을 읽은 우리에게는 주변 상황을 보는 방식에 영향을 주는 도식과 세계관이 있다. 또 사람들과 상호작용하는 방식에 영향을 줄 수 있는 다양한 렌즈도 있다.

어쩌면 사실 당신은 상호작용하는 사람들과 세계관이 매우 비슷할지도 모른다. 그들과 마찬가지로 비합리적으로 높은 기대치가 있어 상대방이 화를 내서는 안 된다고 느낄지 모른다. 지나치게 일반화하는 경향이 있어서 상대방의 감정과 행동을 제대로 구별하지 못할 수 있다. 최악의 상황을 상상하는 경향 때문에 상대방의 분노를 실제보다 더 기분 나쁘게 받아들일지도 모른다. 그들의 분노에 영향을 미친 사고 패턴으로 그들의 분노에 반응할지 모른다.

그런데 이런 상호작용을 주도하는 다른 종류의 렌즈가 있을 수도 있다. 예를 들어 자신에게 특정 원칙을 강요하는 성향은 타인의 감정에 대한 책임을 지나치게 많이 지는 것을 의미할지 모른다.

예컨대 속으로 '이 사람을 진정시켜야 해'라거나 '내가 그렇게 하면 이 사람이 화를 낼 거야'라고 생각하면서 말이다. 타인의 감정을 배려하는 게 잘못은 아니지만 너무 힘들고 지친 기분이 든다면 도를 넘었을지 모른다.

한편 개인화는 상대방의 분노를 원래 의도와는 다른 방식으로 해석하고 있다는 의미일 수도 있다. 상대방의 분노를 저지르지도 않은 자신의 실수 탓으로 돌린다. '내가 또 실수해서 화난 거야'라고 생각하며 자책에 빠진다. 이것이 의미하는 바는 분노한 사람들과 함께 문제를 효과적으로 해결해나가려면 자신의 생각, 감정, 행동, 그중에서도 특히 타인과 관련 있는 자신의 생각, 감정, 행동을 이해하기 위해 어느 정도 노력해야 한다는 것이다.

분노한 사람들이 분노를 느끼고 표현하는 방식은 당신이 그들과 상호작용하는 방식에서 부분적으로 영향을 받는다. 그리고 그들과 상호작용하는 방식은 당신의 정체성과 세계관에 부분적으로 영향을 받는다. 스스로 감정적인 순간에 효과적인 선택을 할 수 있는 침착한 사람이라고 생각하는가? 최소한 그런 상황에 더 넓은 관점으로 바라보고 싶어 하고 그렇게 하려고 노력하는 사람인가? 상대방의 감정에 대해 지나치게 많은 책임을 지고 있는 순간이 언제인지 파악하고 있는가? 이런 상황에 성공적으로 대처하려면 그런 관점을 수용하고 자기 자신을 정확히 인식하는 것이 중요하다.

분노한 사람을 상대할 때 주의할 점

이 책의 서두에서 분노한 사람들을 대할 때 고려해야 할 다섯 가지 주의사항을 소개했다.

1. 화내는 것이 정당할 때도 있다.
2. 분노는 상태이자 특성이다.
3. 누군가 화를 낼 때 우리는 자신만의 복잡한 감정 상태로 대응할 가능성이 크다.
4. 분노한 사람이 꼭 괴물 같은 건 아니다.
5. 분노한 사람은 때로 해롭고 위험할 수도 있다.

분노한 사람을 대할 때 이 다섯 가지를 기억하는 것이 아주 중요하기 때문에 다시 한번 강조하고 싶었다. 이 책의 2부에서 소개한 전략은 이런 주의사항을 반드시 고려해서 접근해야 한다. 예를 들어 상대방의 분노를 도식화해야 하는 이유는 그의 분노가 정당한지를 판단하는 데 도움이 되기 때문이다. 분노한 사람과 같이 있을 땐 당신도 감정적으로 바뀔 가능성이 크기 때문에 침착함을 유지할 방법을 찾아야 한다. 분노한 사람이 반드시 나쁜 사람은 아니더라도 우리에게 이롭지 않기 때문에 그 사람과의 관계를 정리해야 할 수도 있다.

9가지 전략 통합하기

회사와 가정에서 이런 전략을 통합하는 방법의 예를 살펴보고 그럴 때 어떤 모습으로 나타나는지 알아보자.

⚡ 회사에서

회사 동료에게서 "이봐요, 당신이 일을 망쳐놨군요. 정말 화나네요. 나중에 이에 대해서 얘기 좀 합시다"라는 내용의 이메일을 받았다고 해보자. 이 사람은 당신이 일을 그르쳤다고 생각하고 누가 봐도 명확하게 당신에게 화를 내고 있다.

이메일을 비롯해 온라인 분노와 관련된 상황에는 미리 대비할 수 있다. 대화에 앞서 이메일을 받았기 때문에 시간상으로 유리하다. 이메일을 읽었을 때 아마도 당신은 불안, 죄책감, 방어적 태도, 분노 등 자신만의 감정적 반응을 경험했을 것이다. 이럴 땐 잠시 멈추고 몇 가지 단계를 밟는 것이 중요하다.

우선 상대방의 입장에서 상황을 도식화해 그가 화를 내는 것이 정당한지 생각해본다. 이 상황에서 정말로 자신이 잘못한 것인지 혹시 상대방이 오해하고 있는 건 아닌지 곰곰이 생각한다. 상대방의 분노를 자극했을 수 있는 모든 요인을 파악하는 것도 중요하다.

그가 최근에 과도한 업무 스트레스에 시달려서 평소보다 더 예민하게 반응한 걸까? 오해로 더 크게 분노하진 않았을까? 그가 최악의 상황을 상상하고 있는 것일까? 주변 사람들의 영향으로 분노가 더 심해진 걸까? 선입견이 그의 감정에 영향을 미쳤는가? 시간적 여유를 이용해 분노한 원인을 더 넓은 견지에서 파악한다.

두 번째로 침착함을 유지하면서 목표가 무엇인지 생각해본다. 업무와 관련된 매우 부정적인 결과가 초래될 수 있는 맥락에서 누군가 당신에게 화내는 상황은 격한 감정을 불러일으킬 수 있다. 심호흡, 현재에 의식을 두기, 만트라 같은 방법을 이용해 마음을 차분히 하자.

잠시 시간을 내 '나는 할 수 있다'라고 되뇌면 목표를 향해 나아갈 힘을 얻을 것이다. 이 상황에서 가장 중요한 것이 무엇인지 결정해야 한다. 이 결정은 앞서 수행한 도식화하기 과정이 토대가 됐을 것이다. 자신이 실수했다고 판단되면 해결하고 바로잡는 것이 목표일 것이다. 하지만 자신의 실수가 아닌데 상대방이 과잉 반응했다고 판단되면 그 문제를 해결하는 것이 목표가 될 수 있다.

마지막으로 목표를 달성하기 위한 최선의 방법이 무엇인지 결정하고 이 목표에 반하는 행동을 하지 않도록 주의한다. 이론적으로는 쉬워 보이지만 감정이 이성적인 사고를 방해하기 때문에 실제로는 상당히 힘든 일이다.

우리는 방어적 태도를 취하거나 실수를 다른 사람 탓으로 돌리거나 심지어 상대방을 수동적으로 공격하려고 할 수도 있다. 사실 여부와 상관없이 이런 태도로 대응하면 궁극적인 목표에 방해가 될 수 있다. 이런 접근 방법 대신 상황에 국한된 구체적인 문제 해결책을 먼저 찾는 것에서 시작해 점차 확대해 나간다.

✂ 가족 관계에서

지금쯤이면 분노한 사람들이 다양한 방식으로 존재한다는 걸 잘 알고 있을 것이다. 살다 보면 위 사례와 같은 한 가지 사건만 대응하게 되지 않는다. 물론 그런 일회성 사건도 성공적으로 대처해야 하지만 다른 유형의 분노한 사람들을 대할 땐 다른 종류의 문제들에 대처해야 한다.

우리 주변에는 더 심층적이고 일반화된 분노 문제를 가진 사람들이 있을지 모른다. 1부에서 논했듯 쉽게 분노하는 성격이어서 자주 화를 내고 다양한 방식으로 분노를 표출하며 상대방이 기분 나쁜 감정을 느끼게 만드는 사람들도 있다.

예를 들어 당신의 부모가 화를 잘 내는 사람이라고 가정하자. 1부에서 사례로 들었던 이지의 경우와 마찬가지로 당신의 부모는 화가 나면 마치 다른 사람이 된 것처럼 보인다. 평상시에는 다정하고 힘이 되어주고 따뜻하지만, 화내기 시작하면 금세 공격적이고 잔인한 사람으로 둔갑한다. 이지가 그렇게 생각했듯이 당신은 이 관계를 반드시 끝내고 싶지는 않다. 어쨌든 당신 부모이기 때문에 정서적으로나 인간적으로 깊은 정을 느낀다. 설사 그 관계를 끝내고 싶더라도 형제자매, 나머지 부모, 손주와의 관계가 있기 때문에 끊기가 현실적으로 어려울 수 있다.

그러나 이런 경우에라도 그 사람과 소통하는 방식을 바꿀 수는 있다. 얼마나 자주, 어디서, 무슨 이야기를 하는지, 누구와 함께 있는지 등의 요소는 당신이 통제할 수 있는 부분이다. 곧 있을 가족 행사처럼 만성적으로 화내는 사람과 함께 시간을 보내는 상황이 생기면 행사 전과 행사가 진행되는 동안 다음과 같은 문제를 생각해보자.

목표가 무엇인지 생각하고 그 목표를 중심으로 계획을 세운다. 다가오는 가족 행사에서 어떤 목표를 이루고 싶은가? 말다툼 없이 지나갔으면 좋겠다는 생각이 드는가? 대화는 피하고 싶지만 그 과정에서 희생당한 기분을 느끼고 싶지는 않은가? 부모와 힘들지만 중요한 대화를 나누고 싶은가? 아예 대화를 피하고 싶은가? 원하는 바를 여러 가지로 생각해보고, 이를 달성할 계획을 세운다.

말다툼을 피하는 게 진정으로 원하는 목표라면 비교적 쉽지만 말다툼을 피하면서 동시에 자신의 감정을 희생한 것처럼 느끼지 않기는 상당히 어렵다. 원하는 바를 미리 정하면 그 목표를 달성할 방법을 더 잘 파악하고 그 순간 해야 할 일을 염두에 둘 수 있다.

부모와의 관계나 오랜 세월 유지해온 다른 사람과의 관계에서는 미묘한 맥락에 따라 달라지는 복잡한 역학이 작용한다. 누군가와 역사가 있는 경우, 평가 과정에 특정 순간에 대한 평가만 들어가는 것이 아니다. 두 사람 사이의 복잡한 역사가 함께 평가돼야 한다.

길거리에서 만난 누군가가 당신에게 화를 내면 당신의 반응은 주로 눈앞에 있는 정보에 기초해서 나온다. 하지만 오랫동안 알고 지낸 지인이 화를 낸다면 당신이 그 사람을 어떤 사람으로 생각하는지, 이전에 어떤 방식으로 상호작용했는지, 그 사람과 어떤 관계를 맺고 싶은지 등에 따라 반응이 달라질 것이다. 분노 사건을 도식화할 때 이런 복잡한 역학을 생각하고 그것이 평가에 어떤 영향을 미칠 수 있는지 고려하자.

이제 우리는 분노가 얼마나 다양한 방식으로 나타날 수 있는지 안다. 사람들이 흔히 생각하듯 모든 사람이 소리 지르거나 욕하면서 분노를 표출하지 않는다. 울거나 삐지거나 침잠하거나 다른 방식으로 표현하는 사람들도 있다.

이는 분노뿐만 아니라 다른 감정에서도 마찬가지다. 감정 표현에 있어 사람들이 늘 우리가 예측한 방식으로 행동하는 건 아니다. 그 말은 우리가 분노라고 생각하는 감정이 사실은 상처, 슬픔, 죄책감, 질투와 같은 다른 감정일 수 있다는 뜻이다. 분노에는 여러 감정이 섞여 있을 가능성이 크다. 감정은 아무것도 없는 상태에서 나타나지 않는다. 사람들은 한꺼번에 여러 가지 감정을 느낀다. 다시 강조하지만 분노를 도식화할 때 감정의 다양한 표출 방식을 고려해야 한다.

마지막으로 부모가 자녀에게 화를 낼 때, 의도적이든 아니든 인신 공격하기가 쉽고 그런 경우도 흔하다. 오랜 관계를 유지해왔다는 사실은 기본적으로 모욕을 주거나 일반화할 수 있는 정보가 많다는 뜻이다. 상대방에게 불리하게 작용할 수 있는 과거의 증거를 쉽게 찾을 수 있다. 이런 종류의 공격을 피하는 것은 중요하다. 이런 공격은 전형적으로 아무 결실이 없을 뿐만 아니라 관계를 장기적으로 훼손할 가능성이 있다. 그러니 처음에 정해둔 목표에 계속 초점을 맞추도록 노력하자.

모두 마음의 문제다

이 책을 쓰면서 아주 많이 했던 생각이 있다. 1부에서 화를 잘 내는 성격에 대해 설명하면서 성격이 정말로 무엇을 의미하는지에 대한 생각을 제시했던 부분과 관련이 있다. 이것은 부모로서, 교수로서, 그리고 사람들이 나를 우러러볼 수 있는 다른 모든 역할을 수행하면서 내가 기억하려고 노력하는 개념이기도 하다.

모든 걸 고려할 때 한 사람의 성격은 사실 그들이 내리는 선택에 의해 반영된다. 특정 순간 그가 하고 있을지 모를 생각은 그 순간 그가 어떤 행동을 하는지에 비하면 덜 중요하다. 내가 자식들에게 몸에 좋은 음식을 먹고 운동하고 사람들에게 친절하게 대하라고 아무리 많이 이야기해도 일상에서 내가 그런 가치를 실천하는 모습을 보이지 않으면 아이들은 내가 그 가치를 중요하게 생각하지 않는다는 사실을 금방 알아차릴 것이다.

결국 한 사람의 성격은 그가 일상에서 내리는 작은 결정들에 의해 형성된다. 우리가 내리는 선택이 곧 우리 자신이다. 분노한 사람들에게 성공적으로 대처하는 것은 그런 자세를 성격의 일부로 받아들이는 것을 의미하기 때문에 이 사실은 중요하다. 이번 장 서두에서 언급했듯이 분노한 사람에게 대처하는 것은 이를 위한 도구를 갖추는 문제라기보다는 그런 도구를 사용하고 싶어 하는 마음의 문제다.

즉 타인의 분노에 훌륭히 대처하는 사람이 되고 싶다고 결심하는 것이 중요하다. 또 분노한 사람에게 대응할 때 상대방을 굴복시키거나 말싸움에서 이기려고 할 것이 아니라 긍정적 상호작용을 마치려고 애써야 한다는 것을 깨닫는 것이 중요하다. 일단 그렇게 마음먹으면 일상에서 그 가치를 실천하는 것이 중요한 문제가 된다.

1. How Americans value public libraries in their communities. Pew Research Center, Washington D.C. www.pewresearch.org/internet/2013/12/11/libraries-in-communities/

2. Burd-Sharps, S., and Bistline, K. (2022, April 4). Reports of road rage shootings are on the rise. Everytown Research and Policy. www.everytownresearch.org/reports-of-road-rage-shootings-areon-the-rise/

3. Meckler, L., and Strauss, V. (2021, October 26). Back to school has brought guns, fighting and acting out. The Washington Post. www.washingtonpost.com/education/2021/10/26/schoolsviolence-teachers-guns-fights/

4. www.mindyouranger.com/anger/anger-statistics/

5. www.thehotline.org

6. Martin, R. (2022). The Anger Project. www.alltheragescience.com

7. Vouloumanos, V. (2021, June 23). This psychology professor explained how to deal with people when they're angry with you, and it's something that everyone should know. www.buzzfeed. com/victoriavouloumanos/anger-researcher-explains-how-to-deal-with- angry-people

8. Dominauskaite, J. (2021, June). 6 useful tips on how to deal with angry people, according to psychology professor on TikTok. www.boredpanda.com/how-to-deal-with-angry-people-tiktok/

9. Martin, R. (2022). The Anger Project. www.alltheragescience.com

10. Allport, F.H., and Allport, G.W. (1921). Personality traits: Their classification and measurement. Journal of Abnormal Psychology and Social Psychology, 16, 6–40.

11. Allport, G.W., and Odbert, H.S. (1936). Trait-names: A psycholexical study. Psychological Monographs, 47(1), i–171.

12. Allport, G.W. (1961). Pattern and Growth in Personality. New York: Holt, Rinehart and Winston.

13. Buss, D.M. (1987). Selection, evocation, and manipulation. Journal of Personality and Social Psychology, 53, 1214–1221.

14. Cattell, R.B. (1949). The Sixteen Personality Factor Questionnaire (16PF). Institute for Personality and Ability Testing.

15. Costa, P.T., and McCrae, R.R. (1985). The NEO Personality Inventory Manual. Odessa, FL: Psychological Assessment Resources.

16. Deffenbacher, J.L., Oetting, E.R., Thwaites, G.A., Lynch, R.S., Baker, D.A., Stark, R.S., Thacker, S., and Eiswerth-Cox, L. (1996). State–trait anger theory and the utility of the trait anger scale. Journal of Counseling Psychology, 43(2), 131–148.

17. American Psychiatric Association. (2022). Diagnostic and Statistical Manual of Mental Disorders (5th ed. Text Revision).

18. Gene Environment Interaction. www.genome.gov/geneticsglossary/Gene-Environment-Interaction

19. Ferguson, C.J. (2010). Genetic contributions to antisocial personality and behavior: A meta-analytic review from an evolutionary perspective. Journal of Social Psychology, 150, 160–180.

20. Wang, X., Trivedi, R., Treiber, F., and Snieder, H. (2005). Genetic and environmental influences on anger expression, John Henryism, and stressful life events: The Georgia Cardiovascular Twin Study. Psychosomatic Medicine, 67(1), 16–23.

21. Stjepanovi , D., Lorenzetti, V., Y cel, M., Hawi, Z., and Bellgrove, M.A. (2013). Human amygdala volume is predicted by common DNA variation in the stathmin and serotonin transporter genes. Translational Psychiatry, 3, e283.

22. Peper, J.S., Brouwer, R.M., Boomsma, D.I., Kahn, R.S., and Hulshoff Pol, H.E. (2007). Genetic influences on human brain structure: A review of brain imaging studies in twins. Human Brain Mapping, 28, 464–473.

23. Eisenegger, C., Haushofer, J., and Fehr, E. (2011). The role of testosterone in social interactions. Trends in Cognitive Science, 15, 263–271.

24. Jeffcoate, W.J., Lincoln, N.B., Selby, C., and Herbert, M. (1986). Correlation between anxiety and serum prolactin in humans. Journal of Psychosomatic Research, 30, 217–222.

25. Panagiotidis, D., Clemens, B., Habel, U., Schneider, F., Schneider, I., Wagels, L., and Votinov, M. (2017). Exogenous testosterone in a non-social provocation paradigm potentiates anger but not behavioral aggression. European Neuropsychopharmacology: The Journal of the European College of Neuropsychopharmacology, 27, 1172–1184.

26. Greenhill, C. (2020) Genetic analysis reveals role of testosterone levels in human disease. National Reviews Endocrinology, 16, 195.

27. Magid, K., Chatterton, R.T., Ahamed, F.U., and Bentley, G.R. (2018). Childhood ecology influences salivary testosterone, pubertal age and stature of Bangladeshi UK mi-

grant men. Nature Ecology & Evolution, 2, 1146–1154.

28. Bandura, A., Ross, D., & Ross, S.A. (1961). Transmission of aggression through imitation of aggressive models. Journal of Abnormal and Social Psychology, 63(3), 575–582.

29. Van Tilburg, M.A.L., Unterberg, M.L., and Vingerhoets, A.J.J.M. (2002). Crying during adolescence: The role of gender, menarche, and empathy. British Journal of Developmental Psychology, 20(1), 77–87.

30. Bailey, C.A., Galicia, B.E., Salinas, K.Z., Briones, M., Hugo, S., Hunter, K., and Venta, A.C. (2020). Racial/ethnic and gender disparities in anger management therapy as a probation condition. Law and Human Behavior, 44(1), 88–96.

31. Marshburn, C.K., Cochran, K.J., Flynn, E., and Levine, L.J. (2020, November). Workplace anger costs women irrespective of race. Frontiers in Psychology, 11.

32. Salerno, J.M., Peter-Hagene, L.C., and Jay, A.C.V. (2019). Women and African Americans are less influential when they express anger during group decision making. Group Processes & Intergroup Relations, 22, 57–79.

33. Carstensen, L.L. (1991). Selectivity theory: Social activity in lifespan context. Annual Review of Gerontology and Geriatrics, 11, 195–217.

34. Martin, R.C. (2010). Contagiousness of Anger (Unpublished raw data).

35. Martin, R. (2022). The Anger Project. www.alltheragescience.com

36. Dimberg, U., and Thunberg, M. (1998). Rapid facial reactions to emotional facial expressions. Scandinavian Journal of Psychology,39, 39–45.

37. Schachter, S., and Singer, J. (1962). Cognitive, social, and physiological determinants of emotional state. Psychological Review, 69, 379–399.

38. Young, S.G., and Feltman, R. (2013). Red enhances the processing of facial expressions of anger. Emotion, 13, 380–384.

39. Zimmerman, A.G., and Ybarra, G.J. (2016). Online aggression: The influences of anonymity and social modeling. Psychology Of Popular Media Culture, 5, 181–193.

40. Stechemesser, A., Levermann, A., and Wenz, L. (2022). Temperature impacts on hate speech online: Evidence from 4billion geolocated tweets from the USA. The Lancet Planetary Health, 6, 714–725.

41. Rosenthal, L. (2003). Mob Violence: Cultural-societal sources, instigators, group processes, and participants. In: Staub, E., The Psychology of Good and Evil: Why Children, Adults, and Groups Help and Harm Others. Cambridge: Cambridge University Press, 377–403.

42. www.buzzfeednews.com/article/alisonvingiano/this-is-how-awomans-offensive-tweet-be came-the-worlds-top-s

43. www.ted.com/talks/jon_ronson_when_online_shaming_goes_too_far/transcript

44. Fan R., Zhao J., Chen Y., and Xu K. (2014). Anger is more influential than joy: Sentiment correlation in Weibo. PLoS ONE, 9, e110184.

45. www.ucl.ac.uk/pals/news/2017/nov/audience-members-heartsbeat-together-theatre

46. Schudel, M. (2021, November 3). Aaron Beck, psychiatrist who developed cognitive therapy, dies at 100. The Washington Post.

47. Beck, A.T. (1999). Prisoners of Hate: The cognitive basis of anger, hostility, and violence. New York: Harper Collins.

48. Martin, R.C., and Dahlen, E.R. (2007). The Angry Cognitions Scale: A new inventory for assessing cognitions in anger. Journal of Rational-Emotive and Cognitive Behavior Therapy, 25, 155–173.

49. Martin, R.C., and Vieaux, L.E. (2013). Angry thoughts and daily emotion logs: Validity of the Angry Cognitions Scale. Journal of Rational-Emotive and Cognitive Behavior Therapy, 29, 65–76.

50. de Quervain, D.J., Fischbacher, U., Treyer, V., Schellhammer, M., Schnyder, U., Buck, A., and Fehr, E. (2004). The neural basis of altruistic punishment. Science, 305, 1254–1258.

51. Carlsmith, K.M., Wilson, T D., and Gilbert, D.T. (2008). The paradoxical consequences of revenge. Journal of Personality and Social Psychology, 95, 1316–1324.

52. Martin, R. (2022). The Anger Project. www.alltheragescience.com

53. Zillmann, D., Katcher, A.H., and Milavsky, B. (1972). Excitation transfer from physical exercise to subsequent aggressive behavior. Journal of Experimental Social Psychology, 8, 247–259.

54. Martin, R. (2022). The Anger Project. www.alltheragescience.com

55. Spielberger, C.D. (1999). State-Trait Anger Expression Inventory-2. Odessa, FL: Psychological Assessment Resources.

56. Lazarus, C.N. (2012). Think sarcasm is funny? Think again. Psychology Today Blog. Think Well. www.psychologytoday.com/us/blog/think-well/201206/think-sarcasm-is-funny-think-again

57. Balsters, M.J.H., Krahmer, E.J., Swerts, M.G.J., and Vingerhoets, A.J.J.M. (2013). Emotional tears facilitate the recognition of sadness and the perceived need for social support. Evolutionary Psychology, 11.

58. Fabes, R.A., Eisenberg, N., Nyman, M., and Michealieu, Q. (1991). Young children's appraisals of others' spontaneous emotional reactions. Developmental Psychology, 27, 858–866.

59. Deffenbacher, J.L. (1996). Cognitive-behavioral approaches to anger reduction. In: Dobson, K.S., and Craig, K.D. (Eds.), Advances in cognitive-behavioral therapy. Thousand Oaks, CA: Sage, 31–62.

60. Adelman, L. and Dasgupta, N. (2019). Effect of threat and social identity on reactions to ingroup criticism: Defensiveness, openness, and a remedy. Personality and Social Psychology Bulletin, 45, 740–753.

61. Martin, R. (2022). The Anger Project. www.alltheragescience.com

62. Fan R., Zhao J., Chen Y., and Xu K. (2014). Anger is more influential than joy: Sentiment correlation in Weibo. PLoS ONE, 9, e110184.

63. Berger, J., and Milkman, K.L. (2012). What makes online content viral? Journal of Marketing Research, 49(2), 192–205.

64. Radesky, J.S., Kistin, C.J., Zuckerman, B., Nitzberg, K., Gross, J., Kaplan-Sanoff, M., Augustyn, M., and Silverstein, M. (2014). Patterns of mobile device use by caregivers and children during meals in fast food restaurants. Pediatrics, 133(4), e843–e849.

65. Zimmerman, A.G., & Ybarra, G.J. (2016). Online aggression: The influences of anonymity and social modeling. Psychology Of Popular Media Culture, 5, 181–193.

66. Martin, R.C., Coyier, K.R., Van Sistine, L.M., and Schroeder, K.L. (2013) Anger on the internet: The perceived value of rantsites. Cyberpsychology, Behavior, and Social Networking, 16, 119–122.

67. Aboujaoude, E., and Starcevic, V. (2016). The rise of online impulsivity: A public health issue. The Lancet Psychiatry, 3, 1014–1015.

68. Martin, R. (2022). The Anger Project. www.alltheragescience.com

69. Martin, R.C., and Vieaux, L.E. (2013). Angry thoughts and daily emotion logs: Validity of the Angry Cognitions Scale. Journal of Rational-Emotive and Cognitive Behavior Therapy, 29, 65–76.

70. Martin, R. (2022). The Anger Project. www.alltheragescience.com

71. CDC. www.cdc.gov/violenceprevention/intimatepartnerviolence/fastfact.html

분노하는 사람들을 상대하는 법

초판 1쇄 인쇄 2024년 1월 5일
초판 1쇄 발행 2024년 1월 15일

지은이 라이언 마틴
옮긴이 신동숙
펴낸이 정용수

편집장 김민정　**편집** 류다경
편집도움 쩐디터
디자인 김민지
영업·마케팅 김상연 정경민
제작 김동명　**관리** 윤지연

펴낸곳 ㈜예문아카이브
출판등록 2016년 8월 8일 제2016-000240호
주소 서울시 마포구 동교로18길 10 2층
문의전화 02-2038-3372　**주문전화** 031-955-0550　**팩스** 031-955-0660
이메일 archive.rights@gmail.com　**홈페이지** ymarchive.com　**인스타그램** yeamoon.arv

ISBN 979-11-6386-259-8 03180
한국어판 출판권 ⓒ 예문아카이브, 2024